LES SECTES.
ASPECTS CRIMINOLOGIQUES

État des lieux en France et en Suisse

Collection *Sciences criminelles*
dirigée par Robert Cario

La collection ***Sciences criminelles*** se destine à la publication de travaux consacrés à l'analyse complexe du phénomène criminel. Multidisciplinaire par définition, elle a vocation à promouvoir les réflexions critiques portées par les disciplines impliquées, dont l'angle d'approche spécifique enrichit la connaissance globale du crime, tant en ce qui concerne les protagonistes (infracteur, victime, société) que les stratégies d'intervention sociale (prévention, répression, traitement). En France comme à l'étranger.
Les contributions, émanant de chercheurs, de praticiens de la justice ou du travail social, empruntent la forme d'ouvrages de doctrine, de recherches collectives ou d'actes de rencontres scientifiques.
La Collection s'enrichit par la publication d'un « Traité de sciences criminelles », multi-auteurs, qui présente sous la forme de manuels les principales disciplines qui composent les sciences criminelles : philosophie criminelle, criminologie, politique criminelle, droit criminel, procédure pénale, criminalistique, médecine légale et victimologie.

A paraître
J.P. Céré (Dir.), Panorama européen de la prison
L.M. Villerbu (Dir.), Dangerosité et vulnérabilité
H. Conchon, L'évolution des nullités de l'instruction préparatoire

Ouvrages parus
R. Cario (Dir.), La médiation pénale : entre répression et réparation
R. Nérac-Croisier (Dir.), Le mineur et le droit pénal
R. Cario, J.C. Héraut (Dir.), Les abuseurs sexuels : quel(s) traitement(s) ?
J.P. Céré, Le contentieux disciplinaire dans les prisons françaises et le droit européen
R. Cario, Les femmes résistent au crime
M. Vaillant, A. Vulbeau, Action éducative spécialisée en placement familial
L. Ouvrard, La prostitution
R. Cario, Jeunes délinquants. A la recherche de la socialisation perdue
P. Mbanzoulou, La réinsertion sociale des détenus
C. Cardet, Le contrôle judiciaire socio-éducatif
R. Nérac, J. Castaignède (Dir.), La protection judiciaire du mineur en danger
A. Bernard, R. Cario (Dir.), Les politiques publiques d'aide aux victimes
M. Vaillant, J.P. Leblanc (Dir.), Nouvelles problématiques adolescentes
M. Born, P. Thys (Dir.), Délinquance juvénile et famille
R. Cario, D. Salas (Dir.), Œuvre de justice et victimes, Vol. 1

« Traité de sciences criminelles »

1. C. Lazerges, Introduction à la politique criminelle
2.1 R. Cario, Victimologie
2.2 R. Cario, Victimologie. Les textes essentiels
3. J. Pinatel, Histoire des sciences de l'homme et de la criminologie
4. R. Cario, Introduction aux sciences criminelles
5. J.P. Céré, Droit disciplinaire en prison
6. J.P. Allinne, Histoire des politiques pénales, *à paraître*
7. J. Castaignède, La procédure pénale et la victime, *à paraître*

Pierre AUBRY

LES SECTES. ASPECTS CRIMINOLOGIQUES

État des lieux en France et en Suisse

L'Harmattan
5-7, rue de l'École-Polytechnique
75005 Paris
France

L'Harmattan Hongrie
Hargita u. 3
1026 Budapest
HONGRIE

L'Harmattan Italia
Via Bava, 37
10214 Torino
ITALIE

ISBN : 2-7475-1884-1

Introduction

Historiquement, les sectes occupent le champ social depuis plus de deux mille ans, mais elles ont surtout commencé à faire parler d'elles au cours du 20ème siècle. En effet, jusqu'alors, le phénomène était mal connu étant donné qu'il représentait surtout un intérêt théologique ou historique. Les études ont véritablement débuté avec le changement social des années soixante et une tendance particulièrement marquée vers l'individualisation et la recherche de l'épanouissement personnel. Cette quête individuelle, conjuguée à l'accélération des modes de vie, a constitué un terreau inépuisable pour des groupements à vocation spirituelle. Pas toujours inspirés par des buts nobles, ces mouvements ont profité du doute envahissant la société pour se forger une place en son sein.

Devant cette prolifération des groupes pseudo-religieux, les sociologues de la religion se sont attelés à la lourde tâche qui consiste à tenter de définir ce nouveau type d'organisation et d'en cerner les contours. Exercice périlleux qui, encore aujourd'hui, pose problème, principalement pour deux raisons : tout d'abord, l'origine du terme « secte » est étymologiquement double, ce qui peut aiguiller la recherche dans deux domaines différents ; ensuite, la diversité actuelle et l'enchevêtrement de plusieurs philosophies rendent les tentatives d'une définition générale extrêmement délicates. Une fois le débat sur la définition examiné, il faut se poser la question de la « substantifique moelle » des groupes sectaires, c'est-à-dire tenter de découvrir le fond doctrinal pour permettre l'élaboration d'une classification. Car bien qu'elles se construisent de manières fort diverses, les sectes sont toutes élaborées à partir d'une base philosophique ou religieuse plus ou moins semblable.

Outre cette conception doctrinale, il faut se concentrer sur les structures des groupes, sur leur organisation. Cette analyse permet également de tirer des conclusions sur la dangerosité potentielle des sectes. En effet, une secte véhiculant des idées apocalyptiques et renfermée sur elle-même et interdisant à ses adeptes de nouer des contacts avec la société aura une probabilité de dérive plus grande qu'une secte qui se fonde sur des lectures et des critiques de la Bible, accueille toute personne intéressée à la réflexion et permet ainsi un brassage continuel. S'attarder à l'analyse du « gourou » et des adeptes fait partie de cette volonté de cerner la secte.

Après cette identification des fondements de la secte, il est intéressant d'étudier les méthodes employées pour appâter les gens, puis de voir tout le processus d'embrigadement, de la séduction à la soumission, en passant par la persuasion. Le cheminement est long, finement établi, mais très flexible. L'illusion est de faire croire à l'adepte que la décision vient de lui-même. Le groupe doit donc extrêmement bien connaître les individus qui se lancent dans l'aventure afin de pouvoir exploiter leurs moindres failles. À titre d'exemple, la Scientologie fait passer un test de personnalité à toute personne intéressée par une meilleure connaissance d'elle-même. Ce test se compose de 200 questions ayant trait aux habitudes de vie. De prime abord, rien d'extraordinaire, mais cela permet à cet organisme d'élaborer une fiche complète sur chaque individu et de l'utiliser ultérieurement comme bon lui semblera.

Suite à cette description du groupe sectaire, il faut poser un regard plus fin sur les liens qui peuvent unir ce phénomène à la criminologie. À l'heure actuelle, cette discipline n'a pas montré le même engouement pour le sujet que la sociologie, la psychologie, l'histoire ou encore la théologie. Le but est de savoir dans quelle mesure la criminologie peut insérer dans son cahier des charges une thématique aussi complexe, aux dessous difficiles à identifier. Analyser l'adéquation entre les outils de mesure du crime tels qu'on les connaît et le phénomène sectaire et tenter d'esquisser des possibilités d'études selon les grandes théories criminologiques contemporaines sont les points centraux de cette recherche. Mais il faut au préalable se demander si la notion même de secte peut être définie en termes de crimes, condition sine qua non pour que la criminologie s'en préoccupe. Lorsqu'on se remémore les tragédies de Jonestown, de Waco, de Chéry et Salvan, de Tokyo et de l'Ouganda [1], il paraît inconcevable d'imaginer que la criminologie puisse se désintéresser de tels agissements. Ceci dit, ces événements sont exceptionnels et ne reflètent pas le phénomène dans son ensemble. Même s'ils ont provoqué une prise de position particulièrement tranchée de l'opinion publique, ces actes isolés représentent une infime partie de la problématique et ne doivent en aucun cas empêcher d'avoir une vue objective et raisonnée. Toutes les sectes ne représentent pas un danger, mais il est bon de savoir les reconnaître.

Une analyse criminologique ne serait pas utile sans un regard sur les législations. Un état de la situation actuelle permet d'identifier les pays considérés comme répressifs à l'égard des sectes et les pays tergiversants. Une comparaison entre les législations suisse et française est pertinente dans la mesure où les différences sont frappantes en la matière, malgré la proximité et le caractère transfrontalier. En outre, le point de vue des institutions européennes permettra de savoir si une véritable politique est envisagée au niveau international, de même qu'une coopération en matière de police.

Pour mieux mesurer l'ampleur du phénomène sectaire, il faut pouvoir le quantifier. Malheureusement les données sont rares, et il faut se contenter des chiffres avancés par les groupements eux-mêmes, ce qui rend la fiabilité quasiment

1. Jonestown, Guyana,1978, 912 morts de la secte du Temple du Peuple. Waco, Californie, 1993, 88 morts de la secte des Davidiens. Chéry et Salvan, Suisse, 1994, 53 morts de l'Ordre du Temple solaire. Tokyo, Japon, 11 morts et 5000 blessés suite à un attentat de la secte AUM. Ouganda, 2000, 800 morts de la secte du Rétablissement des dix commandements de Dieu.

nulle. Cependant, différents travaux émanant de commissions d'enquêtes sont venus apporter un certain éclairage, que ce soit au niveau de la localisation des sectes, du nombre d'adeptes, ou encore du pouvoir financier de certaines organisations. À l'heure actuelle, les sectes prolifèrent à grande vitesse, alors que les moyens mis en œuvre pour les analyser sont relativement faibles. Le champ des sectes couvre toutes les dimensions de notre société et chaque discipline des sciences humaines peut en faire un objet de recherche. Caractère pluriel qui rend l'étude très complexe.

1

Définition et classification

La notion de secte, même dans le langage courant, n'est pas uniforme : différents niveaux d'analyse ne suffisent pas à démontrer la diversité et la richesse de ce concept. Plusieurs axes de définition peuvent être évoqués, de l'approche étymologique à l'approche sociologique, en passant par une approche fondée sur la dangerosité des sectes. De plus, la notion de secte est totalement inconnue du droit. Au problème du sens commun, qui provoque déjà des confusions, vient s'ajouter un vide au niveau juridique, ce qui rend toute base de travail extrêmement difficile à définir. D'un point de vue général, la conception moderne de la laïcité pose clairement le principe de la neutralité de nos États démocratiques, ce qui signifie que les croyances religieuses ne sont pas un fait public, sous réserve des restrictions liées au respect de l'ordre public, et donc que le fait religieux relève des seuls individus, de la sphère privée des citoyens. Dans ce contexte, il est donc difficile, voire impossible de généraliser un concept qui fait référence au libre arbitre.

Sectes et Églises

Avant de se lancer dans l'explication de la notion et de la définition du terme « secte », il est opportun de distinguer ce concept de celui d'Église. En effet, les deux entités peuvent paraître fortement liées, voire synonymes, aux yeux de tout un chacun. « Qu'est-ce qu'une Église, sinon une secte qui a eu du succès ? » Le christianisme, à l'époque de son émergence, n'était rien d'autre qu'une secte réprimée par l'empire romain. Il est devenu un courant religieux dominant au fil des siècles. D'ailleurs, il est intéressant de constater que les dictionnaires de la langue française ont de la peine à différencier les deux concepts. Le Petit Robert estime, entre autres, qu'une Église est « un ensemble de personnes professant une même doctrine, animées d'une même foi », ce qui ressemble étrangement à la définition de la secte ! Dès lors, il faut songer à déplacer le terrain de la définition vers une idée de neutralité doctrinale.

Du point de vue du droit constitutionnel, la secte peut être définie de manière confessionnellement neutre, comme « un mouvement religieux minoritaire et/ou de dissidence par rapport aux confessions majoritaires reconnues » [1]. Dans cette optique, les sectes peuvent être assimilées à l'ensemble des communautés israélites, l'ensemble des communautés musulmanes, les mouvements de dissidence chrétienne, les cultes syncrétiques et charismatiques, les mouvements de dérivation orientale, ainsi que les doctrines para-religieuses de style anthropocentrique. Une secte peut donc avoir l'appellation d'Église, mais sera de toute façon caractérisée par les notions de dissidence et de minorité. Mais force est de constater qu'à l'heure actuelle, une multitude de groupes sectaires se sont érigés en Église, ce qui rend la différenciation des deux concepts extrêmement difficile si une étude approfondie n'est pas effectuée. La confusion régnante est notamment due au fait que les législations diffèrent et permettent ainsi à certains groupements prônant une doctrine pseudo-religieuse de se

---

1. M. Borghi, « L'État de droit face aux sectes », dans *Sectes et occultisme, aspects criminologiques*, Verlag Rüegger, Zürich, 1996.

constituer en Église. L'exemple le plus frappant et le plus médiatique est celui de la Scientologie, ou plus précisément de l'Église de Scientologie.

L'approche étymologique

Le mot secte vient du latin *sequire* qui veut dire suivre. Le dictionnaire Littré définit le concept en ces termes : « Ensemble de personnes qui font profession d'une même doctrine. » Le Robert, quant à lui, distingue les personnes « qui ont la même doctrine au sein d'une religion » de celles qui « professent une même doctrine ». Dans l'opinion publique, dire d'un groupe « c'est une secte » constitue un jugement dévalorisant. On peut trouver la source de cette idée péjorative dans le fait que les sociologues du christianisme appellent sectes les dissidences du protestantisme. Cette conception rejoint les partisans de l'origine étymologique latine *secare* qui veut dire couper, séparer. Quoiqu'il en soit, les deux origines supposées de la notion induisent, simultanément ou alternativement, les deux idées de croyance commune et de rupture par rapport à une croyance antérieure. C'est sur ce concept de rupture que se base le dictionnaire des religions qui définit la secte dans les termes suivants : « Au sens originel, un groupe de contestation de la doctrine et des structures de l'Église, entraînant le plus souvent une dissidence. Dans un sens plus étendu, tout mouvement religieux minoritaire. » [2]

L'approche sociologique

De ce point de vue, la secte est définie en opposition à l'Église ; Max Weber écrit que « l'Église est une institution de salut qui privilégie l'extension de son influence, alors que la secte est un groupe contractuel qui met l'accent sur l'intensité de la vie de ses membres » [3]. Cette approche est pertinente dans

2. J. Vidal, *Dictionnaire des religions*, PUF, 1984.

3. M. Weber, *L'Éthique protestante et l'esprit du capitalisme*, suivi de *Les Sectes protestantes et l'esprit du capitalisme*, Loisir, 1991.

le sens où la secte insiste sur l'intensité de vie de ses adeptes ; l'homme semble devoir chercher des activités stimulantes, intenses, qui lui donnent l'illusion de « vivre ». De plus, il parle de « groupe contractuel », ce qui, non seulement, place la secte en marge de tout mouvement religieux, mais qui, en plus, dénote son côté « marchand » ; le contrat est passé entre le groupe et son adepte, contrairement à l'Église, où la démarche se fait librement, de manière naturelle.

Ernst Troeltsch poursuit et souligne que « l'Église est prête, pour étendre son audience, à s'adapter à la société, à passer des compromis avec l'État, alors que la secte se situe en retrait par rapport à la société globale et tend à refuser tout lien avec elle, et même tout dialogue » [4]. L'auteur va plus loin que Weber en parlant du lien avec l'État. Il précise bien que la secte se situe en rupture avec la société et avec l'État. De ce fait, il insiste implicitement sur le repli nécessaire des sectes pour survivre. En effet, véhiculant des idées différentes du commun des mortels, la secte doit se replier sur elle-même et diminuer au maximum ses relations avec l'extérieur pour empêcher toute comparaison. La comparaison est source de discussion et le débat d'idées au sein d'un groupement sectaire constitue la fin de son unité.

Un sociologue britannique, Campbell (1972), a créé le concept de « cultic milieu » pour définir ce phénomène : « En anglais, le mot « cult » désigne notamment les groupes déviants par rapport à la tradition religieuse dominante. Mais ils ne peuvent foisonner qu'en interaction avec un milieu qui leur est favorable. Ce milieu est l'assortiment hétérogène des systèmes de croyance déviants et des pratiques qui leur sont associées. Il ne s'agit pas nécessairement de religion au sens strict : dans le « cultic milieu » se rencontrent médecines parallèles, parapsychologies, voies spirituelles exotiques, intérêt pour l'étrange, ésotéro-occultisme, etc.. Sans lien apparent entre eux, ces domaines très divers tendent en fait à se renforcer

4. E. Troeltsch, *Histoire des religions et destin de la théologie*, Éditions du Cerf, 1996.

mutuellement : ils baignent dans une atmosphère propice à la recherche d'autres valeurs, et celui qui s'intéresse à l'un de ces domaines se trouve presque inévitablement, tôt ou tard, en contact avec les autres, car les sources d'information sont souvent les mêmes librairies, les mêmes périodiques, les mêmes lieux de réunion. »[5] Cette analyse de l'auteur britannique illustre le fait que la dynamique sectaire n'est pas uniquement le fruit d'une démarche individuelle, mais bien de société, ce qui a pour conséquence d'en faire une préoccupation sociale et politique.

L'approche fondée sur la dangerosité

La connotation péjorative du terme sectaire reflète l'intolérance, l'étroitesse d'esprit de ces groupes. Du point de vue de la dangerosité, il se dégage une définition pour le moins évocatrice : « Groupes visant par des manœuvres de déstabilisation psychologique à obtenir de leurs adeptes une allégeance inconditionnelle, une diminution de l'esprit critique, une rupture avec les références communément admises (éthiques, scientifiques, civiques, éducatives), et entraînant des dangers pour les libertés individuelles, la santé, l'éducation, les institutions démocratiques. Ces groupes utilisent des masques philosophiques, religieux ou thérapeutiques pour dissimuler des objectifs de pouvoir, d'emprise et d'exploitation des adeptes. »[6] Un accent est donc mis sur le caractère insidieux des sectes et montre combien il est difficile de tracer une frontière entre le fonctionnement légitime et la zone dangereuse. La nécessité de prendre en compte tous les paramètres et l'utilisation de plusieurs grilles de lecture sont primordiaux si l'on veut éviter tout réductionnisme tel que la seule perspective de la manipulation mentale.

---

5. Rapport de la Commission de gestion du Conseil National, *« Sectes » et mouvements endoctrinants en Suisse. La nécessité de l'action de l'État ou : vers une politique fédérale en matière de « sectes »*, Berne, 1999.

6. France. Assemblée nationale, Commission d'enquête sur les sectes, *Les Sectes en France*, Assemblée nationale, 1995.

De son côté, Anne Fournier, experte auprès de la Mission interministérielle de lutte contre les sectes (France), définit la dérive sectaire comme la « construction d'une allégeance inconditionnelle au sein d'un isolat culturel autoréférent, à caractère expansif dans différents domaines de la vie individuelle et sociale »[7]. Elle stipule en outre que les mouvements dérivants se caractérisent par les points suivants :

- Idéologie alternative radicale.
- Structure autoritaire et autocratique.
- Référence exclusive à sa propre interprétation du monde.
- Imposition de ruptures de tous ordres.
- Transformation des personnes selon un type de modelage standardisant.
- Instrumentalisation des individus.
- Promesses et assurances de tout genre.
- Dissimulation des coûts réels.
- Exploitation des inquiétudes.
- Prothèse relationnelle.
- Dangers variables.

La difficulté de cerner le phénomène sectaire est bien réelle. La multitude de formes qu'il revêt empêche de le définir de manière rigoureuse et chaque discipline des sciences humaines en apporte sa propre conception. Par conséquent, il n'est pas aisé de se faire une opinion claire et précise de ce qu' « est » une secte. Cependant, les différents auteurs, scientifiques, et politiques sont en accord en ce qui concerne la classification relative aux origines des sectes.

Classification

Les sectes occupent le champ social et religieux depuis plus de 2000 ans. Historiquement, elles sont d'abord des groupes religieux qui s'opposent à la pensée dominante et se séparent de l'Église d'origine. Il n'est pas toujours facile de décrypter la

---

7. A. Fournier, *La Dérive sectaire*, PUF, 1999.

filiation des groupes sectaires, mais cela permet, le cas échéant, de prévoir leur comportement. Les actes d'une secte sont guidés par une tradition orale et écrite, récente ou ancienne. Étudier cette tradition aide à la compréhension de la pensée du leader et à percer le sens des rituels cachés. En outre, cela permet de prévenir des conduites criminogènes. Plusieurs classifications ont été proposées par des sociologues à la lumière des racines doctrinales ou historiques. Une des plus classiques[8] fait référence aux origines religieuses ; distinction de trois grands types :

- Les sectes d'inspiration judéo-chrétienne se référant à la Sainte Bible.
- Les sectes d'inspiration orientale s'appuyant sur des interprétations plus ou moins fidèles du bouddhisme, de l'hindouisme, de l'islam. Leurs pratiques sont centrées sur la recherche de l'extase mystique organisée autour du maître, détenteur de la connaissance suprême.
- Les sectes d'inspiration gnostique, qui puisent leurs origines dans les croyances et pratiques d'Orient et d'Occident, se nourrissent d'ésotérisme, d'alchimie, d'astrologie et, plus récemment, de mythes extra-terrestres, de numérologie, etc.

Depuis les années 60-70, de nouvelles sectes sont apparues, proposant des dogmes tautologiques invérifiables par définition et une critique systématique des structures existantes. Elles créent un schéma social fonctionnant sur un véritable mode psychotique, avec l'élaboration de barrages destinés à lutter contre l'intrusion d'autrui, remaniement du réel et élaboration secondaire d'un modèle comportemental et idéologique individuel. Le catastrophisme, le millénarisme, la paramédecine, les extra-terrestres, les civilisations disparues, les vies antérieures ou encore la sorcellerie sont leurs thèmes de prédilection.

Notre société connaît de profondes transformations, nos références traditionnelles sont en pleine mutation, perdant leur force et leur crédibilité, ce qui entraîne des crises importantes

---

8. J. Vernette, *Les Sectes*, PUF, Que sais-je, 1996.

pour l'individu et la société. Ainsi, la famille, considérée comme la cellule de base de notre société, vole en éclat et se réorganise selon des modèles nouveaux. Les institutions politiques et religieuses perdent de leur signification sociale et éprouvent des difficultés à répondre aux besoins actuels. Les progrès technologiques transforment considérablement le monde du travail en augmentant la compétitivité, ce qui exerce une pression sur les travailleurs. Au niveau structurel, il en résulte une augmentation du chômage et, au niveau individuel, on assiste à une augmentation des pathologies liées au psychisme telles les dépressions ou les hystéries. Les changements rapides des valeurs et des cadres de référence désorientent l'individu qui peine à trouver son rôle dans une société en constante mutation. De plus, l'extraordinaire avancée des moyens de communication permet à tout le monde de savoir ce qui se passe un peu partout sur la planète. L'ignorance passée, source de stabilité, a laissé place à la surinformation, provoquant ainsi un sentiment d'insécurité ; l'homme ne semble pas encore prêt à assumer ce flot massif de nouvelles données et tente de s'en sortir en cherchant des relations simples basées sur la confiance. Et c'est ici que les sectes entrent en scène, proposant des solutions aux problèmes existentiels.

2

Organisation sectaire

Le gourou

Lorsqu'on parle de secte, on pense immédiatement et en premier lieu au gourou. Ce personnage constitue la pièce maîtresse de l'organisation, non seulement au niveau de l'idéologie du groupe, mais surtout au niveau « publicitaire » ; c'est de lui dont on parle dans les médias. Les meilleurs exemples sont ceux de Jo Di Mambro (Ordre du Temple solaire), de Jim Jones (Temple du Peuple), de Shoko Asahara (Aum) ou encore de David Koresh (Davidiens). Pour J.-M. Abgrall [1], les gourous sont « des hommes sans qualité éminente, peu instruits, souvent instables dans leurs comportements sexuels ». « Les revanches qu'ils ont à prendre avec la vie témoignent de la persistance en eux d'une irréductible immaturité. » [2] Mais la force de ces hommes réside dans leur capacité de persuasion ; aura particulière qui leur permet de convaincre et ainsi de savoir s'entourer de personnes capables

---

1. Psychiatre, criminologue, un des experts français les plus souvent consultés par les instances judiciaires ou législatives européennes.

2. J.-M. Abgrall, *La Mécanique des sectes*, Payot, 1996.

de construire un mouvement aux structures manipulatrices soigneusement préparées.

Il est peut-être paradoxal que des hommes avec si peu de qualités, aux dires de J.-M. Abgrall, aient réussi de la sorte, mais lorsqu'on touche au domaine de l'affect et des sentiments, intelligence et raison sont reléguées au second plan. Il est donc très plausible qu'un être sans grande intelligence puisse gagner sur le tableau du sentimental par la force de ses paroles. Cependant, il est bon de préciser que les cas susmentionnés se sont soldés par des échecs et des tragédies qui feront date dans l'analyse sectaire. Il y avait donc des failles dans leur système et, contrairement à la définition du docteur Abgrall, un minimum d'intelligence semble nécessaire pour élaborer une structure coercitive infaillible. À titre d'exemple, Ron Hubbard, père fondateur de la Scientologie, n'avait rien du gourou sans qualité décrit ci-dessus. Au contraire, il a mis en place un édifice qu'il est aujourd'hui très difficile de faire vaciller.

Anne Fournier estime, quant à elle, que « le gourou unit, il est le verbe… », « il sait » [3], par conséquent il incarne le Bien, et on fait ce qu'il dit ; dynamique qui ne peut être autre que totalitaire. Bien sûr, les contraintes n'apparaissent pas dans le discours, mais elles sont une implication directe de ses propos.

Le gourou est donc la pièce centrale du système sectaire ; il est la base sans laquelle aucun mouvement ne pourrait se développer. Pour qu'il puisse atteindre cette plénitude, le gourou doit tout d'abord persuader son auditoire, ses futurs adeptes. Il va donc arborer plusieurs facettes qu'Anne Fournier appelle l'approche analogique [4]. On peut tout d'abord percevoir le gourou comme *idole*, sujet d'un culte de la personnalité. Comme une star de cinéma, de football ou de variétés, le gourou sera perçu comme une personne au-dessus de tous, et ce, bien au-delà de sa discipline de prédilection. Le statut acquis par l'idole lui donne le pouvoir de convaincre bon nombre d'admirateurs dans une pléthore de domaines. Il est certain qu'à

3. A. Fournier, *la Dérive sectaire*, PUF, 1999.

4. A. Fournier, *op.cit.*, PUF, 1999.

l'heure actuelle, si Michael Jordan, le basketteur américain, se lançait dans une course aux élections présidentielles, il recueillerait bon nombre de voix, alors même qu'il n'a aucune compétence en la matière. Seulement, sa situation de star de basket pourrait contribuer à abuser ses admirateurs les plus fervents.

Le gourou peut encore être comparé à un *chaman*. Par ses conduites particulières, de transe, il se forge une identité différente des autres ; un respect s'installe à son égard grâce à la peur suscitée par ses comportements. L'alternance de ses transes et de ses moments de normalité lui donne une dimension supérieure, respectée de tous. Par contre, et contrairement au chaman qui vit dans la crainte et le mépris de sa communauté, le gourou d'une secte cherche l'adulation qui permet une emprise totale.

Anne Fournier compare également le gourou à un *prophète*, annonciateur d'une révélation nouvelle. Il peut aussi se faire l'auteur d'une interprétation d'une révélation ancienne ou existante. Quoiqu'il en soit, son discours est radical et se situe en rupture avec la réalité. C'est ici que prophète et gourou se rejoignent. La grande utilité du prophétisme se situe une nouvelle fois dans la peur, non plus du gourou lui-même, comme c'est le cas du chaman, mais dans la crainte d'une perspective future du monde, angoisse de l'avenir. Le gourou-prophète apporte de la sérénité et relativise l'appréhension des jours prochains.

L'auteur voit encore le gourou comme *formateur* ou *meneur*. En effet, beaucoup d'entre eux refondent les familles et se proclament père de tel ou tel enfant. Le gourou se prend au jeu paternaliste plus ou moins sévère. Il inculque sa propre façon d'éduquer les enfants dans le but, une nouvelle fois, de maintenir une unité de doctrine, élément essentiel de la supercherie.

Les adeptes

En ce qui concerne les adeptes, contrairement à ce que l'on peut supposer, les sectes ne recrutent pas en priorité des personnes peu équilibrées, perturbées ou de faible niveau intellectuel. Occasionnellement, une personne rejoint une secte en raison de difficultés psychologiques, mais en majorité les adeptes sont, jusqu'à leur adhésion, socialement et psychologiquement adaptés mais porteurs d'interrogations ou de refus particulièrement pressants.

Roland J. Campiche [5], docteur en sociologie, estime qu'il n'y a pas de membre type et qu'il faut tenir compte de chaque cas et de chaque contexte pour dresser le portrait de l'adepte potentiel. Dans le cas de l'OTS, il remarque la forte proportion de femmes, environ deux tiers, ce qui, selon Jean-François Mayer [6], historien, constitue un trait caractéristique de tous ces groupes mais aussi de la plupart des assemblées religieuses. Ce dernier élément laisse donc penser que les femmes seraient plus attirées par une quête spirituelle que les hommes. Sans avoir l'air simpliste, il faut tout de même convenir que la majorité des femmes sont plus sensibles et plus sentimentales que les hommes ; ce qui, en toute logique, a une incidence dans ce domaine, puisque les sectes jouent sur le tableau des émotions pour séduire. Des traits généraux de l'adepte type n'existent donc pas, et pour cause : la secte fonctionne comme une entreprise qui tente de s'attirer une certaine part de marché et dans cette optique, elle doit cibler ses acheteurs potentiels en fonction du produit proposé. Raisonnement économique, certes, mais qui illustre bien ce propos.

Au-delà des considérations traitées auparavant, il faut bien convenir que l'attirance de l'adepte réside dans l'insatisfaction profonde de l'homme moderne, éloigné de lui-même, manquant d'irrationnel, restant sans réponse à ses questions ultimes sur le sens de la vie. Le désir de merveilleux, de mystère, une soif de

---

5. R.-J. Campiche, *Quand les sectes affolent*, Labor et Fidès, 1995.

6. J.-F. Mayer, *Les Sectes et vous : petit manuel d'information pratique*, Éditions St-Paul, Fribourg, 1989.

miracles et d'apparitions conduisent certaines personnes désabusées vers quelque mouvement pseudo-religieux plus « brûlant » que l'Église traditionnelle. Mais, en définitive, la captation par les sectes est surtout causée par une souffrance : la volonté d'en finir avec sa solitude, l'égarement, l'angoisse face à la mort, la perte des repères familiaux, la nostalgie d'un certain paternalisme des institutions. Le virus sectaire peut donc toucher toute personne en recherche philosophique, religieuse ou en quête d'affection.

Anne Fournier insiste sur la démarche initialement volontaire des individus qui n'en mesurent pas les conséquences. « Tous nos choix importants et même une grande partie de nos choix quotidiens relèvent du raisonnement, du pragmatisme et de notre affectivité. Mais ils s'insèrent aussi dans tout un jeu de conditions historiques (passé mais aussi anticipation du futur), contextuelles (liens, relation du moment), contractuelles (engagement implicite ou explicite) et axiologiques (univers de valeurs). » [7] Le choix, et c'est ici que se situe la grande force des sectes, apparaît comme issu de l'individu lui-même ; démarche propre qui empêche toute intervention extérieure légale, eu égard à la liberté personnelle.

La captation par les sectes d'individus potentiellement intéressés suit une logique minutieusement préparée et qui sera décrite plus en avant dans ce travail. Cependant, il faut préciser que la démarche sectaire se base sur un besoin des individus ; sans adeptes, la secte ne serait en aucun cas viable. Il y a donc une responsabilité de l'individu, certes, mais également de la société, des institutions qui ne garantissent pas un équilibre à certains de leurs concitoyens. L'emballement et la modernité sont des facteurs significatifs, mais les sectes apportent des réponses aux questions spirituelles des individus, contrairement aux institutions mises en place. La société véhicule des valeurs basées sur la famille, la moralité, la santé, la solidarité, la productivité et bien d'autres, mais pourquoi ne s'est-elle jamais intéressée aux questions propres à l'être, aux préoccupations existentielles, causes de bon nombre de pathologies mentales.

---

7. A. Fournier, *op. cit.*, PUF, 1999.

Ce terreau de non-connaissance fait aujourd'hui le bonheur de mouvements qui ont su trouver la faille. La connaissance alimente la réalité, mais l'homme a soif de rêve, de nirvana et les sectes l'ont compris.

Les différentes structures

Bien qu'il soit la pièce centrale de la secte, le gourou a besoin de créer autour de lui une structure correspondant à ses désirs et motivations. C'est ainsi que les adeptes se retrouvent à différentes positions hiérarchiques dans leur groupe respectif, conformément aux désirs de la classe dirigeante. Il existe une multitude de possibilités de gérer un mouvement, chaque gourou ayant sa propre philosophie. Mais malgré la diversité et le foisonnement des groupes sectaires, il se dégage une classification que J.-M. Abgrall a bien su mettre en évidence. Il différencie la structure pyramidale, la structure en toile d'araignée, la structure en étoile et la structure sphérique [8].

La structure pyramidale

Elle constitue la base de la secte dangereuse car elle est garante du secret. Mais elle est aussi et surtout la condition indispensable de la coercition, car elle suppose une hiérarchisation du savoir, du pouvoir et des bénéfices. L'Ordre du Temple solaire s'est développé autour de cette structure. Entre le bas et le haut, les recrutés et le gourou, on observe une fonction ascendante de remontée des bénéfices et une fonction descendante de coercition.

En général, l'individu ne connaît et ne reçoit ses informations que de son supérieur direct. La progression dans la structure se fait lentement, étage par étage. L'accession à un palier supérieur est signe de promotion. À l'inverse, il peut y avoir sanction et déclassement. Un tel système vise à maintenir l'individu sous la contrainte. Celui-ci se trouve, d'une part, dans

8. J.-M. Abgrall, *op. cit.*, Payot, 1996.

l'impossibilité de se soustraire à un modèle dont il ne connaît que la manifestation directe et, d'autre part, dans l'incapacité d'accéder directement aux étages supérieurs. Cette voie ascendante est l'unique moyen d'accès de l'adepte au gourou. Cette structure offre le double intérêt de favoriser l'émulation en donnant à l'adepte un sentiment de fierté dès lors qu'il grimpe dans la hiérarchie et de renforcer son sentiment d'appartenance en organisant sa dépendance. Elle permet en plus de pérenniser le secret de la mystification en ne permettant que très progressivement le contact avec les initiés.

La structure en toile d'araignée

C'est le cas de la Scientologie. Ici, plusieurs structures pyramidales s'entremêlent, dotées de fonctions diverses. Ce schéma présente une rigidité encore plus absolue. L'adepte peut progresser dans une pyramide et stagner dans une autre ; il se trouve toujours dépendant d'un supérieur, quel que soit son degré d'avancement. Seule une faible minorité, l'élite, échappe à ce circuit en participant au cercle des proches du gourou.

La structure en étoile

C'est une roue de bicyclette dont le gourou figure le centre et les adeptes la circonférence. Les messages vont de la périphérie au centre et vice versa. C'est souvent ainsi que fonctionnent les groupes sectaires débutants ou à petit développement, comme les groupes médiumniques, de prière ou de guérison. Là, le contact est directement établi avec le gourou, le leader ou le médium.

La structure sphérique

Elle est le fait de groupes cathartiques (alcooliques, toxicomanes, groupes de rencontre) plutôt que de sectes coercitives à proprement parler ; en effet, les échanges émotionnels et relationnels occupent ici un espace où chaque participant joue un rôle similaire sans hiérarchisation ni directivisme réel.

Plus une secte se développe, plus elle adoptera une structure en toile d'araignée, elle-même basée sur la structure pyramidale. Dans ces conditions, il est extrêmement difficile de s'attaquer à de tels groupes, tant foisonnent les possibilités d'esquive. Il faut donc repérer les sectes naissantes et les surveiller dès le départ.

Dynamique sectaire

Plusieurs auteurs ont cherché à définir les différentes étapes du processus d'embrigadement, mais tous s'accordent à croire que la manière dont les sectes agissent sur leurs adeptes dans le but de les convertir suit une logique très simple basée initialement sur la tromperie par des techniques de séduction. Ensuite, la secte persuade le nouvel arrivant tout en détruisant l'image du monde qu'il possède. Enfin, elle opère la reconstruction de l'individu en lui inculquant les valeurs de la microsociété sectaire. Beaucoup de recherches ont été menées à travers le monde pour rendre compte de la manipulation mentale et de la possible soumission d'un individu suite à un « lavage de cerveau ». Les différentes techniques utilisées ont pour but de rendre nulle la partie dite « de réflexion » et de stimuler le côté « apprentissage par imitation ». Des expériences concluantes avaient été menées sur des animaux (Pavlov, Skinner) et la transcription sur l'homme augurait une issue tout aussi positive. Heureusement, ce dernier n'aspire pas uniquement à des besoins biologiques et les résultats n'ont pas été concluants. Ceci dit, notre fragilité devient grande à partir du moment où notre organisme est fatigué, que ce soit physiquement ou psychiquement. Les sectes épuisent donc leurs adeptes afin d'en tirer ce que bon leur semble.

Séduction

Cette première phase constitue sans nulle doute la plus importante du processus d'embrigadement. Il ne peut y avoir de recrutement si l'attention du sujet n'est pas attirée et fixée par des idées ou des spectacles proposés en trompe-l'œil pour le séduire ; il est improbable qu'un futur adepte se sente attiré par une attitude hostile. Séduire, c'est avant tout plaire, mais c'est aussi détourner la vérité. Tout le travail des sectes vise à proposer une utopie chatoyante en lieu et place de la grisaille quotidienne. « Le recruteur propose des réponses simples à des interrogations complexes, il charme l'interlocuteur pour créer l'illusion de l'échange affectif, il joue en permanence sur le registre des émotions, effaçant de son propos toute logique, il oppose la morbidité du réel à la perspective d'un amour idyllique, celui qui règne au sein de la communauté. » [9]

R.-V. Joule et J.-L. Beauvois, psychologues, expliquent bien le processus mental de la décision : « Les gens ont tendance à adhérer à ce qui leur paraît être leurs décisions et donc à se comporter en conformité avec elles. » [10] Ils continuent en expliquant que « les gens engagés dans un premier comportement librement décidé acceptent plus facilement une requête ultérieure allant dans le même sens, quoique notablement plus coûteuse ». Il est ainsi clair que plus un adepte avance dans la chaîne sectaire, moins il aura envie de se retirer, eu égard aux efforts déjà consentis. La grande illusion des mouvements sectaires est de faire croire aux adeptes qu'ils sont libres de leur choix, que c'est de leur propre volonté qu'ils ont suivi le cortège. Effectivement, il paraît fort difficile d'inverser les tendances d'un homme qui est persuadé que ses idées viennent de lui-même ; identification de sa propre action. C'est ce que les psychologues sociaux appellent l'illusion de liberté. En conclusion, les auteurs estiment que pour éviter la manipulation, il faut être capable de revenir sur sa décision, de

---

9. J.-M. Abgrall, *op. cit.*, Payot, 1996.

10. R.-V. Joule, J.-L. Beauvois, *Petit traité de manipulation à l'usage des honnêtes gens*, Presses universitaires de Grenoble, 1987.

considérer deux décisions successives comme indépendantes et de ne pas surestimer sa liberté.

Anne Fournier, quant à elle, avance trois hypothèses qui poussent à l'adhésion. Tout d'abord « la dynamique proposée dans le cadre de l'idéologie repose sur l'acquisition progressive et initiatique d'un savoir réservé, la découverte avec un langage nouveau de réalités inconnues ». C'est le postulat du monde meilleur, invérifiable parce qu'irrationnel. « Du point de vue du lien social, l'adhésion peut correspondre à une réaction contre l'anonymat urbain et la dissolution dans la masse planétaire, l'affaiblissement des identités microgroupales fortes, la menace des communautés différentes. » Recherche de son identité qui est valorisée au sein d'un petit groupe où l'adepte à l'impression d'être un élément important. Le dernier point fait référence aux « rapports de pouvoir : réaction de rejet à l'égard des pouvoirs discrédités ». Les institutions sont considérées comme responsables du malheur vécu. La secte se perçoit donc comme un antidote aux structures traditionnelles.

Le contact initial entre une cible et une secte est le plus souvent le fait de cette dernière. Il s'agit d'une démarche de vente active : on se porte au-devant de la proie. C'est, la plupart du temps, une démarche d'individu à individu, même si le terrain a été antérieurement préparé par un effet publicitaire : prospectus, conférence, etc. Cependant, pour vendre un produit, il est indispensable d'établir un contact avec l'acheteur potentiel. Ce contact devra entamer le processus d'identification entre recruteur et recruté. Pour appâter sa proie, le recruteur utilisera un thème de propagande qui tournera autour de l'éthique, de l'écologie, de la médecine, de la culture, de l'éducation, de la transformation personnelle, de l'épanouissement sexuel. La véritable raison du dialogue est bien entendu cachée et tenue secrète. La supercherie est présente dès le départ.

Dans les instructions prodiguées par la secte à leurs recruteurs, un accent tout particulier est mis sur le choix du lieu de recrutement. Il importe de privilégier les lieux de passage : artères marchandes, grandes places, campus, sorties de spectacles. Ces lieux devront être proches du siège de la secte ou du lieu de réunion, afin que le sujet ne soit pas rebuté par l'éloignement. La technique de recrutement s'appuie en priorité sur l'identification : « Si cela est bon pour moi, c'est bon pour vous. » Une fois la passerelle établie, le recruteur va s'efforcer de développer une empathie émotionnelle. Il fonde son art non sur la raison et la logique, mais sur l'affect et les sentiments. Il enfreint en permanence le pacte social et tacite de la communication véritable : le présupposé de sincérité et de vérité. Toute sa dialectique vise à masquer son projet d'endoctrinement. Il faut donc qu'il présente comme réel ce qui est mensonge et trucage. Il y a mise en scène permanente d'une fable qui chasse le réel, envahissant progressivement l'espace de communication. Le but est d'emporter l'assentiment d'autrui. Il s'agit de la première étape de la manipulation.

Dans cette première phase, la fascination constitue l'élément moteur de l'adhésion de l'adepte à la secte. Après une période de doute, le candidat est définitivement convaincu de la justesse de son choix lorsqu'il est mis en face de la pièce maîtresse de la dynamique sectaire : la confrontation avec le gourou. Elle introduit un caractère magique dans la relation entre le futur adepte et le groupe sectaire. La relation se détache peu à peu du réel pour s'établir dans l'univers symbolique du sacré et du divin. Cette fascination va ôter au sujet toute velléité de se soustraire à l'influence de la secte et de ses membres. Le gourou est investi d'un pouvoir supranaturel qui touche au divin et, à ce stade, le libre arbitre du recruté commence à s'altérer face à la pression doctrinale qui s'exerce sur lui. Sa conversion définitive dépendra de l'équilibre qui va s'établir entre la force de coercition exercée par la secte et la puissance des liens que l'adepte a tissés auparavant avec la société.

Selon Diane Casoni, professeur de criminologie à l'université de Montréal, il faut néanmoins mettre un bémol à cette situation manipulatrice : « Plutôt que de voir la relation entre le leader et l'adepte sous l'angle de la manipulation simple, il s'agit davantage de la rencontre ou d'une complémentarité entre les besoins inconscients de l'un et de l'autre. » « L'adepte se sent personnellement glorifié et narcissiquement valorisé par le lien d'idéalisation qui le lie au leader. Le gourou se nourrit de l'idéalisation des adeptes dont il est dépendant pour garder son équilibre psychique. Pour garder cette relation idolâtrante, il utilise la séduction, la manipulation, la promesse du bonheur parfait. »[11] Il en résulte tout logiquement un désir précieux de conserver ce lien privilégié et, par conséquent, d'établir des barrières avec les non-initiés.

Persuasion

Après avoir séduit l'adepte, la secte va opérer sur lui un changement de son système de valeurs. C'est un moment délicat, car il faut jouer entre les anciennes et les nouvelles croyances. Le processus de rejet peut apparaître rapidement et, dans cette optique, la secte utilise la persuasion coercitive, c'est-à-dire qu'elle va priver le recruté de tout libre arbitre, l'aliéner dans une décision imposée. Mais cette persuasion s'adresse davantage à la croyance qu'à la raison ; utilisation de la stratégie de mystification dans le but de convertir l'adepte. Cette stratégie consiste à passer progressivement du phénomène du réel à l'illusion. Alors que le réel est à l'origine des angoisses qui ont conduit l'adepte à la secte, l'irrationnel rassure parce qu'il véhicule des solutions toutes faites.

Flottement, perplexité, insécurité, remise en cause des repères habituels sont provoqués par cet assaut de nouvelles croyances. L'adepte se trouve dans une situation de doute entre ses anciennes et ses nouvelles idées. Il se voit bombardé de notions auxquelles il doit croire sans discussion possible et consentir à toutes les actions qui en découlent. « La remise en question d'une seule de ces actions est synonyme de trahison. La soumission doit être absolue. »[12]

La secte opère ensuite la reconstruction de l'adepte au moyen de nouveaux repères et d'une restructuration de la

11. D. Casoni, « Les Sectes : de la promesse du paradis à l'expérience de l'enfer », dans *Sectes et occultisme : aspects criminologiques*, Verlag Rüegger, Zürich, 1996.

12. J.-M Abgrall, *op. cit.*, Payot, 1996.

personnalité selon un modèle défini. L'adepte calque son comportement sur celui des autres, par un processus d'imitation, ce qui va effacer toute trace de son individualité. Les conduites automatiques et l'urgence de la mission à remplir remplacent les incertitudes ; remodelage psychologique où l'imitation exacerbe un désir de compétition entre les adeptes. Durant toute cette période de doute, la secte prolonge la séduction entreprise lors du recrutement, le but étant de conforter l'adepte dans la justesse de ses choix.

Parallèlement, le mouvement va submerger l'adepte de liens affectifs qui le rassurent et lui donnent le sentiment d'appartenance au groupe. Cet élément est primordial pour la réussite du processus d'embrigadement car l'adepte, confronté à ses doutes, sera dirigé par ses émotions ; le bien-être apparent au sein de la secte, procuré par une ambiance chaleureuse, le confortera dans ses choix. En effet, il serait impossible que des gens aussi affectueux puissent véhiculer des idées saugrenues. L'illusion est totale, aussi bien en ce qui concerne la doctrine qu'au niveau des relations humaines. L'adepte ira jusqu'à croire qu'il était attendu ! Mais toute la finesse de la manipulation sectaire réside dans le fait qu'elle réussit à provoquer une légère frustration chez son nouvel adhérent : celle de ne pas avoir atteint la plénitude affichée par les autres membres…

Conversion et conditionnement

La conversion constitue le point culminant de l'assimilation sectaire. Jusqu'à présent, le futur converti a épuisé ses défenses à réduire la dissonance qui existe entre les normes de sa vie antérieure et les nouvelles qui lui sont proposées. Sa conversion suppose qu'il consente à un compromis entre son passé et son futur. Encore doit-il administrer la preuve de sa dévotion sans faille. La plus sûre sera fournie par sa capacité à devenir lui-même recruteur pour la secte… Le prosélytisme du disciple sera non seulement la preuve de sa conviction, mais aussi un instrument de renforcement du lien et un élément de coercition.

L'endoctrinement constitue la phase de consolidation de la conversion. Elle vise à éliminer les restes d'esprit critique qui peuvent encore animer le sujet. Il s'agit de noyer le nouvel adepte sous une multitude d'obligations qui suppriment son espace personnel. De recruté, l'adepte devient recruteur, de soumis, il devient responsable. Cependant, le statut réel n'a qu'un lointain rapport avec le statut affiché. Plus la responsabilité semble croître au sein de la secte, plus les liens de dépendance se renforcent. Non seulement l'adepte dépend hiérarchiquement de ses supérieurs, mais il dépend moralement de ses inférieurs et économiquement, socialement, de la structure. L'adepte s'implique totalement dans le réseau social de la secte et est partie prenante des actions du groupe en même temps qu'il accroît sa perte d'autonomie et qu'il substitue les règles sectaires à sa morale antérieure. « Augmentation du noyau intouchable et diminution du négociable » [13] résume cette étape. Anne Fournier estime que « lorsqu'au nom de l'idéologie, on a réussi à rendre un groupe unanime, et qu'il est déterminé au nom de l'efficacité à instrumentaliser les individus, à éliminer toute diversité et toute influence extérieure au nom de la pureté idéologique, alors le risque est grand de sombrer dans la folle ivresse d'un nous fusionnel tout-puissant ».

Le dernier pas du processus est le conditionnement. En psychologie clinique, cette notion recouvre « l'ensemble des opérations associatives par lesquelles on arrive à provoquer un nouveau comportement chez l'animal ou chez l'homme » [14]. L'objectif est de modifier le comportement d'un individu pour le conduire à des attitudes définies par d'autres. Le conditionnement peut avoir recours à des méthodes douces ou coercitives. L'éducation est un modèle de conditionnement doux, tout au moins dans nos démocraties occidentales. Quant aux méthodes coercitives, on les appelle « lavage de cerveau », manipulation mentale, persuasion coercitive, endoctrinement,

---

13. A. Fournier, *op. cit.* , PUF, 1999.

14. N. Sillamy, *Dictionnaire de psychologie*, Larousse, 1997.

réforme de la pensée, conversion forcée, remodelage de la pensée, etc.

Si ces techniques de conditionnement sont bien connues, leur efficacité laisse heureusement à désirer. L'essentiel des recherches dans ce domaine a été mené aux États-Unis à partir des années 40, suite à l'intérêt suscité par les confessions publiques lors des procès d'épuration organisés en URSS à partir de la grande purge de 1936 ; on assistait au revirement de militants convaincus qui reconnaissaient avoir été des traîtres à la patrie et au Parti. Le « lavage de cerveau » a également été utilisé en Chine comme processus d'endoctrinement. Selon Jean-Pierre Morin, docteur en sociologie, cette pratique consiste en un « épuisement physique et neuropsychique qui fait tomber les barrières de défense constituées par le sens critique » [15].

Ces techniques conduisent l'adepte à la perte de tout libre arbitre, de tous ses systèmes de référence usuels, de tout sens critique ; bref, il cesse de s'appartenir. Il devient esclave des conditions extérieures qui s'appliquent à lui, il n'est plus que l'instrument des fantasmes du gourou. Cet état se traduit par la perte de ses droits fondamentaux et plus particulièrement de sa liberté personnelle.

La soumission de l'adepte à la secte ou, plus précisément, de l'adepte au gourou à travers l'instrument que représente la secte, a été démontrée de façon éclatante par les expériences de Stanley Milgram [16] sur l'obéissance à l'autorité. En certaines occasions, l'homme voit s'estomper les limites de son libre arbitre au profit d'une obéissance passive à des idées ou à des représentations symboliques. Milgram souligne le fait que « la réalisation d'actes condamnables par l'éthique commune s'accompagne d'une dévalorisation préalable de la victime » [17].

---

15. J.-P. Morin, « Les Sectes et la loi », dans *Sectes et occultisme : aspects criminologiques*, Rüegger Verlag, Zürich, 1996.

16. En 1974, Stanley Milgram, professeur à l'université de Yale recrute des étudiants pour établir une série d'expériences.

17. S. Milgram, *Soumission à l'autorité*, Calmann-Lévy, 1974.

L'intégration dans l'organisation pyramidale sectaire et la soumission au système hiérarchique nécessitent un changement d'état chez le sujet. Alors que dans un groupe dit « normal », la base constitue le compromis, c'est-à-dire le respect le plus large possible des individualités, le groupe sectaire, lui, visera à réduire toute velléité d'indépendance. Cette « unification » du groupe ne se réalisera qu'à travers un changement d'état des individus, ce que Milgram nomme le « changement agentique » : « L'intégration ne peut se faire qu'à partir d'une modification interne de chaque individualité. Les contrôles individualisés de l'action, reflets de l'autonomie, doivent être abandonnés progressivement au profit des directives hiérarchisées issues de l'agent coordinateur. »[18] La structuration progressive du groupe coercitif passe obligatoirement par un remaniement des domaines respectifs de l'autonomie et de la dépendance. Le sujet fonctionne sur deux modèles simultanés : un modèle autonome et indépendant où il s'active seul dans l'unique but de satisfaire ses désirs propres et, un mode systématique qui l'intègre dans une structure où son action doit assurer la pérennité communautaire.

L'augmentation du caractère coercitif s'accompagne d'un changement progressif de l'individu qui passe de l'état d'autonomie totale à l'état agentique total. La résistance au conditionnement et à l'intégration dans un système coercitif naît de la confrontation de ces deux domaines d'action. Progressivement, le sujet perd son libre arbitre et sa libre action au profit d'une dépendance au système ; il ne se perçoit plus comme un agent organisateur et responsable de ses actes. Selon Milgram, « un individu est en état agentique quand il accepte le contrôle total d'une personne détenant un statut élevé ». Dans ce cas, il ne s'estime plus responsable de ses actes. Il voit en lui-même un simple instrument destiné à exécuter les volontés d'autrui.

De l'état agentique découle un phénomène qui pousse l'individu à accepter sans réserve tout ce qui émane de l'autorité, alors que les éléments externes sont minimisés ou

18. S. Milgram, *op. cit.*, Calmann-Lévy, 1974.

niés. Un acte condamné par l'entendement général peut être interprété dans le vécu de sa secte comme une preuve de foi ou d'ardeur dans la lutte contre le mal extérieur.

Le comportement de l'adepte dépend de son acceptation ou de son rejet des normes établies par le groupe. L'entrée dans une secte s'accompagne d'un changement des règles rattachées au monde dans lequel gravitait auparavant l'adepte. Il y a reconstruction de ces règles qui deviennent d'autant plus rigides et contraignantes que leur respect est la condition de survie de la minorité sectaire face à la majorité sociale. Alors que, dans la société, les gens s'influencent mutuellement pour aboutir à la construction d'un système normatif globalement accepté, dans la secte, la norme émane exclusivement du gourou et n'autorise aucun aménagement.

La rigueur de la norme sectaire tend à créer une uniformité comportementale et psychologique qui va de pair avec la suppression de la comparaison sociale habituelle. C'est pourquoi la problématique générale du conditionnement repose sur la règle de conformisme qui s'applique à tous les adeptes. Alors que la société tolère (de façon plus ou moins importante) l'expression des minorités, la secte ne peut accepter en son sein le développement d'une idéologie ou d'un sentiment singulier ; question de survie.

3

Dérives sectaires et théories criminologiques

Après cette description sommaire de l'organisation sectaire, il faut maintenant mettre ce phénomène en relation avec le monde de la criminologie. De prime abord, le lien paraît évident, tant la dérive sectaire regroupe des éléments propres au crime et à sa définition. Pourtant, les études en matière de sectes n'existent tout simplement pas ou sont quasiment nulles. Pourquoi ? Il n'est pas évident de trouver une cause à cette carence, cependant quelques hypothèses, parmi d'autres, peuvent être mises en avant.

Tout d'abord les facteurs historiques. En effet, la dérive sectaire commence à faire parler d'elle à la fin des années 70 avec la tragédie de Jonestown au Guyana et la mort de 923 adeptes de la secte du Temple du Peuple. Par conséquent, le phénomène est considéré comme relativement nouveau et demande une phase d'adaptation des systèmes sociaux existants. En second lieu, peut-être la question la plus importante, celle de la définition. En effet, peut-on considérer la dérive sectaire comme un crime ? La suite de l'analyse se chargera d'apporter un éclairage sur ce point. Le troisième point est la recherche : il y a inadéquation entre les outils actuels et le phénomène sectaire, ce qui rend impossible toute tentative d'analyse expérimentale au niveau statistique. Certes, les chiffres fournis par les différents groupes sont utilisables, mais sont-ils fiables ? En dernier lieu, les sectes font l'objet d'étude dans bon nombre de disciplines des sciences humaines, notamment la psychologie et la sociologie. Dans ces conditions, la criminologie a-t-elle intérêt à s'investir dans un domaine qui pose autant de difficultés méthodologiques et qui reste un centre d'investigation prisé par d'autres ? Chacun est libre de se faire une opinion, mais force est de constater qu'une dérive sectaire à issue mortelle, dans sa partie extrême, entre inexorablement dans le champs d'étude d'une discipline qui se pose en analyste du crime.

Une définition appropriée

« La criminologie est une science sociale qui vérifie des hypothèses concernant les causes du crime et de la réaction sociale face au crime, ou qui explique des crimes ou certaines manifestations de la réaction sociale par de telles hypothèses. » [1] La dérive sectaire fait amplement partie de cette définition, pour autant qu'on puisse la définir comme un crime, et c'est là que réside le problème principal. La dérive sectaire regroupe un ensemble de crimes prohibés par la loi, notamment l'homicide, la séquestration, le viol, l'abus sexuel, l'escroquerie, et bien d'autres. Seulement, on ne peut en juger qu'à posteriori, une fois la tragédie passée, quand il ne reste plus qu'à constater… Une définition particulière des sectes avec la notion de manipulation mentale ou de « viol psychique » [2] n'existe pas dans nos législations pénales contemporaines ; agir préventivement nécessite une possibilité juridique d'attaque lorsque le mouvement débute le processus d'embrigadement. Manipulation mentale, viol psychique, ou encore lavage de cerveau sont autant de notions qu'on devrait pouvoir

1. M. Killias, *Précis de criminologie*, Éditions Staempfli & Cie SA, Berne, 1991.

2. J.-P. Morin, « Les Sectes et la loi », dans *Sectes et occultisme : aspects criminologiques*, Rüegger Verlag, Zürich, 1996.

conceptualiser en crimes ou délits pour enrayer l'action et l'évolution des sectes.

Le crime fait référence au système pénal : « En criminologie comme en droit, on s'entend sur le fait que les crimes reconnus comme tels dans une société ont en commun d'être interdits et passibles d'une sanction pénale. » [3] Ceci montre bien, que le crime sera considéré différemment selon la société dans laquelle on se trouve, et selon l'époque. De plus, la conception traditionnelle veut que le crime soit défini juridiquement, c'est-à-dire qu'il doit faire référence à un acte précis, réprimé d'une certaine manière. Dans l'hypothèse qu'un acte nouveau soit découvert, il faudra attendre un certain temps avant qu'il puisse figurer dans le catalogue des délits condamnables ; procédure législative, sans compter la succession des différentes décisions pour aboutir à la condamnation. « La réaction pénale désigne le crime sans dire ce qu'il est intrinsèquement. Le critère reste extérieur à l'acte. La notion de crime comme acte punissable est formelle et relative, car il est vrai qu'une partie de ce qui est incriminé et sanctionné varie dans le temps et dans l'espace. » [4]

Selon Bentham (1748-1832) philosophe et juriconsulte anglais, ne devrait être appelé délit que l'acte « que l'on croit devoir être prohibé à raison de quelque mal qu'il fait naître. Le délit serait l'action qui fait baisser le total de bien-être des individus qui composent une communauté parce qu'il en résulte plus de mal que de bien et parce qu'il diffuse dans le groupe alarme et insécurité » [5]. Malheureusement, cette conception ne peut être utilisée, car elle fait référence à des éléments trop difficiles à définir pour fournir un critère d'incrimination direct. Mais c'est dans ce sens qu'il faut chercher pour aboutir à une solution. Au niveau de l'opinion publique, un gros effort doit être fourni pour rendre compte des dangers. Une condamnation sociale et politique permettrait de combler les carences de la

---

3. M. Cusson, *Criminologie actuelle*, Collection sociologies, PUF, 1998.

4. M. Cusson, *op. cit.*, Collection sociologies PUF, 1998.

5. J. Bentham, *Traité de législation civile et pénale*, Bossange : Masson et Besson, 1802.

justice et d'avoir tout au moins un effet préventif à l'égard de ces mouvements.

En résumé, la condamnation pure et simple d'une entité nommée « secte » est possible au niveau de l'opinion publique, mais pas en termes juridiques. Par contre, tout agissement d'une secte qui va dans le sens d'une violation d'une norme établie comme l'homicide, la séquestration, l'escroquerie, par exemple, peut être réprimé. Reste la question de la manipulation mentale, qui couvre un champ considérable et qu'il faudrait restreindre à la seule question sectaire pour qu'on en fasse une notion pénale. Finalement, la criminologie englobe la notion de dérive sectaire, mais de manière ponctuelle, élément par élément, délit par délit. Une conception généralisante est exclue, tant le concept est complexe.

Sectes et indicateurs de la criminalité

Le propos ne sera pas ici de faire un procès sur la validité et la fiabilité des indicateurs de la criminalité, mais de voir dans quelle mesure ces outils permettraient d'analyser la dérive sectaire. Cette phrase est mise au conditionnel, puisqu'aucune recherche n'a jamais été lancée sur le sujet. Tout d'abord, il est bon de rappeler que les indicateurs se composent de deux parties : les statistiques et les sondages. Leur but est d'essayer de quantifier le crime dans la société, chaque concept ayant ses avantages et ses inconvénients.

Les statistiques

On différencie trois types de données chiffrées, qui se situent à trois échelons différents sur l'échelle de la procédure pénale : les statistiques de police, judiciaires et pénitentiaires. Les statistiques *de police* sont les plus récentes puisqu'elles n'ont qu'une vingtaine d'années. En Suisse, chaque canton ayant son propre code de procédure, il est difficile d'effectuer une analyse à l'échelon national. La comparaison peut cependant être fort intéressante, si tant est que la collecte d'information se fasse de manière identique partout, ce qui n'est pas le cas. Au niveau des dérives sectaires, force est de constater qu'il n'y a aucune trace, pour la simple et bonne raison que cette notion n'existe pas juridiquement. Par contre, les différentes infractions liées à la dérive sont susceptibles d'apparaître dans les infractions courantes. Pour arriver à nos fins, il faudrait décortiquer chaque cas et voir si le délit commis est en relation avec une organisation de type sectaire. Le travail serait gigantesque et demanderait un long et périlleux effort. De plus, seuls les cas dénoncés sur plainte seraient considérés, ce qui réduit substantiellement le nombre des victimes, pour rendre leur nombre presque insignifiant. Il est bon de préciser ici que la raison qui pousse les criminologues à ne pas entreprendre une analyse sur les mouvements sectaires est que ce phénomène ne concerne qu'une partie infime de la criminalité, ce qui, en réalité, est complètement erroné. Le fameux chiffre noir, indescriptible, de tous les actes non punis, englobe la quasi-totalité des exactions sectaires. En effet, sous le couvert des libertés fondamentales, il est impossible de recenser l'individu qui se lance dans une quête spirituelle dont il ne voit pas la supercherie. Les sectes sont constitutionnellement protégées et tant que des mesures pénales ne seront pas prises, il en sera ainsi. Cependant, une faille peut être exploitée dans la pénalisation de la manipulation mentale. En effet, en sanctionnant cette pratique, on pourrait condamner tous ces groupes dès le départ, puisque leur postulat initial d'embrigadement se fait sur la base de la tromperie, de la supercherie et de l'endoctrinement. En conclusion, la statistique de police, telle qu'elle existe actuellement ne sert absolument à rien pour quantifier ce phénomène. Elle permet uniquement aux criminologues de se cacher la réalité derrière une « vérité » chiffrée complètement fausse qui leur donne la possibilité d'ignorer.

Quant aux statistiques *judiciaire* et *pénitentiaire*, c'est encore plus simple : puisque toute condamnation se base sur une violation du code pénal, toute tentative d'isoler le cas des sectes est impossible, par définition. De plus, chaque fois qu'une « affaire » aboutit devant les tribunaux, la probabilité de voir une peine correspondant aux attentes est nulle, faute d'arguments. En clair, l'utilité de ces statistiques permet tout au plus, comme cité précédemment, de mettre en relation les violations pénales avec une imbrication sectaire, ce qui, en proportion, est minime.

Les statistiques de la criminalité sont donc inutilisables, par contre, une mise en perspective de plusieurs données sur la population, avec notamment les confessions, croyances, appartenances à une association quelconque et autres, permettrait de mieux quantifier le phénomène sectaire. À ce titre, un des objectifs du recensement de la population suisse mené en décembre 2000 par l'Office fédéral de la Statistique, était de mieux cibler les questions dans ce domaine. Dès lors, une approche criminologique en fonction de données sur la population sera susceptible d'être effectuée. Mais en attendant, un accent particulier doit être mis sur la prévention.

Les sondages

La criminologie utilise les sondages de délinquance autoreportée d'une part, et les sondages de victimisation d'autre part. Ces deux instruments présentent des avantages et des inconvénients qui ne seront pas rappelés dans ce texte, mais qui sont implicitement pris en considération. Le but est ici de voir quelles pourraient être les possibilités d'utilisation de ces deux concepts dans l'étude de dérive sectaire.

Le sondage de *délinquance autoreportée* est utilisé en grande partie pour cerner la déviance juvénile. De prime abord, concernant les sectes, cet outil semble inutilisable. Pourtant, au-delà de la recherche purement factuelle, ce type de sondage donne la possibilité de « saisir un grand nombre de données biographiques, non seulement des adolescents délinquants, mais aussi des jeunes « sans histoire », ce qui ouvre la possibilité de mettre le comportement délinquant ou non en rapport avec les conditions de vie des interrogés et de déterminer ainsi le poids de certains facteurs biographiques » [6]. Il est évident que cet

6. M. Killias, *op. cit.*, Éditions Staempfli & Cie SA, Berne, 1991.

instrument permettrait de cerner le jeune dans ses habitudes de vie et d'identifier ses fréquentations à risques dans le domaine étudié. Bien sûr, ceci demanderait quelques adaptations, avec des questions spécifiques, mais offrirait la possibilité de mettre en relation un certain type d'actes délictueux avec l'appartenance à un groupe particulier. Le grand désavantage d'une telle analyse réside dans le fait que la plupart des jeunes interrogés n'ont pas encore été approchés par un groupement sectaire, sauf peut-être les plus âgés.

Le sondage de *victimisation*, quant à lui, semble plus pertinent. En effet, toute personne pourrait se reconnaître en tant que victime d'une infraction particulière. Cependant, la majeure partie des personnes manipulées ne s'en rend pas compte. Il faudrait donc agir finement en interrogeant, non pas sur les actes délictueux subis, mais sur les pratiques habituelles qui ont cours dans le groupe fréquenté, et ceci, sans formuler aucun jugement de valeur. Malheureusement, dans la mesure où la plupart des courants sectaires sont en rupture avec la société, il est fort peu probable qu'un adepte manipulé soit d'accord de répondre à tout questionnaire émanant d'une autre instance que la secte elle-même.

On remarque bien que l'utilisation de ces deux instruments n'est pas efficiente, mais l'idée du sondage est à creuser. En effet, dans un cadre plus général, le recueil de données biographiques permettrait d'isoler les personnes fréquentant un mouvement sectaire. Il faudrait ensuite comparer plusieurs sources de données, notamment les statistiques issues des mouvements eux-mêmes, et celles des organes de défense des individus pour affiner le tout. En conclusion, on peut raisonnablement affirmer que les indicateurs de la criminalité ne sont pas adaptés à l'étude des groupes à dérive. Cependant, avec des questions ciblées dans ce domaine, on pourrait facilement obtenir une estimation du nombre de personnes touchées par ce phénomène. Dès lors, les données que tirera l'OFS du recensement de la population sera un support non négligeable.

La pertinence des théories criminologiques

Le but de cette analyse est de brosser un tableau des différentes théories criminologiques et de voir celles qui sont pertinentes dans le domaine des sectes. En préambule, il est bon de préciser que la vision se veut générale, dans une perspective évolutive de la dynamique sectaire, de l'embrigadement à la dérive ; le regard se situe au niveau de la société. Le propos n'est nullement d'établir un portrait psychopathologique du gourou ou des méthodes de coercition utilisées. Les théories, qu'elles se réfèrent à l'individu, au milieu, à la société ou à la structure sociale doivent être prises d'un point de vue global et non appliquées à un exemple précis de dérive. Certes, chaque groupe sectaire possède ses spécificités, mais l'optique généralisante a pour conséquence de montrer les avantages et les inconvénients des théories criminologiques par rapport à l'ensemble des groupes sectaires et non en fonction d'une secte particulière. Au-delà de l'analyse pure et simple de ces théories, le but sous-jacent est d'observer si le phénomène sectaire fait partie intégrante du monde de la déviance et du crime ou si, au contraire, il peut être considéré comme normal. Ceci constitue bien un enjeu de taille car si la manipulation sectaire se situe dans un « label criminologie », force sera d'en tenir compte à l'avenir et de mettre en œuvre des recherches tentant de quantifier ce nouveau type de criminalité.

La théorie de l'anomie

Emile Durkheim (1858-1917) estime que « le crime, de même que le suicide, le divorce et d'autres comportements contraires aux normes (règles) sociales sont des manifestations d'un dérèglement social ». « La société moderne se distingue des sociétés précédentes par le rôle plus important des règles contractuelles et le poids réduit des règles légales qui s'appliquent uniformément à tous les citoyens ou à une partie de ceux-ci. De ce fait, la société moderne est moins réglée que la société traditionnelle et se trouve donc dans un état anomique latent. Les humains, contrairement aux animaux, ne possèdent pas d'instincts qui retiennent leur appétit et leurs ambitions, mais dépendent de règles sociales qui seules sont en mesure de leur apprendre leurs limites. L'anomie qui résulte de la modernisation et de l'urbanisation provoque donc un plus grand nombre de comportements anomiques, c'est-à-dire contraires aux règles sociales, et incontrôlables. Cela s'explique surtout par la stimulation des désirs due à la modernisation qui fait que les biens disponibles suffisent de moins en moins à satisfaire les désirs toujours plus raffinés. L'anomie correspondra à la différence entre l'évolution des biens disponibles et l'inflation des désirs. » [7]

Le concept de désir est certes très large, mais Durkheim montre, déjà au siècle passé, les carences du système, notamment dans l'insatisfaction des désirs. Appliquée au domaine des sectes, cette théorie situe bien le « manque » des adeptes qui les a dirigés vers le groupe. Cette anomie est mal vécue par un certain nombre de personnes, ce qui les poussent à rechercher une autre manière de combler le vide ainsi créé. La dynamique sectaire est bien expliquée par cette théorie au niveau de la démarche initiale : la secte répond à un besoin, à un appel des citoyens ; elle vient s'ingérer entre l'individu et le système social, ce qui rompt le contact entre les deux entités. Cependant, ce concept « durkheimien » est très global et peut devenir la source de bon nombre de recherches dans divers domaines, en particulier l'économie. Par conséquent, cette théorie n'est pas propre à la criminologie et ne reflète pas les tendances actuelles de cette discipline. Néanmoins, son apport théorique n'est pas négligeable et elle mérite d'être citée.

Merton (1965) continue sur la lancée de Durkheim et sa théorie de l'anomie : « Les sociétés qui, à l'instar des sociétés occidentales, mettent l'accent unilatéralement sur le résultat (soit la réussite économique et sociale) sans trop se préoccuper des moyens utilisés pour y parvenir, produiront chez leurs membres défavorisés (sur le plan des moyens) de graves frustrations. Les conséquences en seront des réactions anomiques dont la plus intéressante est, dans ce contexte, l'innovation, c'est-à-dire le recours à des moyens non-prévus

7. M. Killias, *op. cit.*, Éditions Staempfli & Cie SA, Berne, 1991.

par les règles du jeu, à savoir l'invention de moyens nouveaux et/ou le recours à des moyens illicites permettant d'atteindre le but poursuivi. »

Cette notion d'innovation est très intéressante en matière de secte, et plus précisément dans le processus d'embrigadement. La recherche d'authentique et le besoin de spiritualité vont pousser les gens à innover, c'est-à-dire à trouver un moyen nouveau pour combler ce manque. Il est clair que Merton voit dans cette innovation le recours à des moyens illicites, mais de façon globale, et pour la majeure partie des gens, la quête va s'orienter vers une démarche licite. L'intérêt de cette théorie réside dans la nécessité pour l'individu de trouver une manière d'être satisfait, ce qui, en fait, l'affaiblit, le met dans une situation de demandeur. Et, comme de bien entendu, les organismes sectaires vont se faire une joie de venir au devant d'une telle population.

Il faut tout de même préciser que la société a beaucoup évolué depuis ces théories, le flux d'information devient incontrôlable ce qui rend les points de repères encore plus difficiles à cristalliser. Albert Ogien a repris cette notion de mouvance et déclare que « la déviance naît inévitablement du changement social, ou plus exactement du décalage entre systèmes de valeurs qu'il induit. Les changements de situation provoquent un désappointement temporaire » [8]. La difficulté de se retrouver dans un monde en perpétuelle mutation incite à plus de stabilité ; refrain connu...

Le crime comme phénomène appris

On s'intéresse ici à l'individu ; on restreint le champ d'étude en passant de la macroanalyse à la microanalyse. Le propos n'est pas de voir quels sont les impacts du milieu, de la société, de la structure sociale, mais de tenter une approche psychologique. La théorie de base s'appelle « l'association

8. A. Ogien, *Sociologie de la déviance*, Armand Colin, 1999.

différentielle », dont le fondateur est Edwin H. Sutherland [9], membre de la célèbre École de Chicago. Il estime que la criminologie doit être capable de déterminer toutes les causes nécessaires et suffisantes au crime. Sa théorie se compose de neuf propositions, dont la première, la deuxième et la quatrième sont les plus importantes [10] :

- Comportement criminel appris.
- Apprentissage par la transmission et l'imitation de techniques et d'attitudes criminelles .
- Processus de communication.

Tout de suite, on se rend compte que la dynamique sectaire entre dans le champ d'analyse de cette théorie. L'idée du « cercle d'amis » est primordiale. La manipulation qui vise à submerger l'adepte de liens affectifs a pour but, d'une part, de réduire la dissonance cognitive existante entre les anciennes et les nouvelles valeurs et, d'autre part, de permettre le processus d'imitation des gens de même statut, voire de faire mieux pour se valoriser.

Une des grandes questions qu'a suscitées cette théorie est l'origine de la déviance. Est-ce l'appartenance à un groupe de délinquants qui mène l'individu à la délinquance, ou alors est-ce l'individu délinquant qui recherche des personnes de même obédience ? Pour le cas des sectes, la première hypothèse est à retenir. Au départ, l'individu est en quête de réponse ; c'est uniquement la supercherie de la secte qui va le faire entrer dans le cercle. Suite au processus d'embrigadement, il sera apte à faire ce que la secte désirera. C'est donc l'influence des pairs qui aura une incidence sur le comportement de l'adepte, et non l'inverse. La grande différence avec les crimes « traditionnels » réside dans la tromperie initiale qui mène la personne dans une direction qu'elle ne soupçonnait pas.

Dans le cas des sectes, l'association différentielle prend implicitement en compte toute la gamme des théories de

---

9. E.-H. Sutherland (1883-1950), professeur de criminologie à l'université de Chicago, puis à l'université d'Indiana à Bloomington.

10. M. Killias, *op. cit.*, Éditions Staempfli & Cie SA, Berne, 1991.

l'apprentissage, que ce soit les théories du comportement ou l'approche cognitive. Au niveau des théories du comportement, tous les auteurs s'accordent pour affirmer que le conditionnement instrumental, cher à Skinner, a joué un rôle plus important en criminologie que le conditionnement classique de Pavlov. En effet, le renforcement, à l'aide de gratifications ou de punitions, permet d'augmenter ou de diminuer la fréquence des réactions de l'organisme. On reconnaît dans cette phase le processus d'endoctrinement des sectes. L'accession à un échelon supérieur légitimise les actes demandés ; les adeptes auront moins de barrières « psychologiques » à l'idée de commettre tel ou tel acte, sachant qu'une récompense est au bout. De manière équivalente, le sujet sera puni s'il échoue dans une mission ou s'il refuse de s'engager. La secte possède ainsi une mainmise totale sur ses adeptes.

Dans cette perspective de conditionnement, l'approche cognitive est encore plus pertinente : « Comme l'apprentissage se fait essentiellement au moyen de l'observation, l'éventail des comportements et des techniques appris par une personne dépendra de ce qu'elle a pu observer dans son environnement social. » [11] Très intéressant, car ici, la nécessité pour un groupe sectaire de rester en marge de la société globale prend tout son sens : si un comportement est appris par l'observation des autres membres, il ne faut en aucun cas qu'un élément perturbateur puisse venir troubler ce processus ! De plus, comme le signifie Bandura et Walters, « en observant les autres, un individu apprend non seulement un certain nombre de comportements, mais il en tire les conséquences » [12]. Et si ces dernières sont positives, l'adepte, légèrement frustré de voir son collègue gratifié n'aura plus qu'un seul objectif en tête : faire tout aussi bien, si ce n'est mieux. La dynamique suscitée par la comparaison est exactement le fruit de cet apprentissage par imitation. De plus, les éléments émotionnels et sentimentaux

11. M. Killias, *op. cit.*, Éditions Staempfli & Cie SA, Berne, 1991.

12. M. Killias, *op. cit.*, Éditions Staempfli & Cie SA, Berne, 1991.

viennent renforcer cet état de fait. L'adepte sera persuadé qu'il est sur la bonne voie et que ses « vrais » amis sont autour de lui.

L'association différentielle, complétée par les théories de l'apprentissage, apporte une bonne vue d'ensemble des techniques utilisées par les mouvements sectaires. Le résultat est probant et mériterait des analyses plus poussées.

Le crime comme produit de la situation

Au premier abord, les facteurs situationnels ne donnent pas l'impression de fournir une quelconque contribution à l'analyse des phénomènes sectaires. Au sein d'une secte, rien n'est laissé au hasard ; les gens n'ont même plus la possibilité d'effectuer le moindre mouvement sans un contrôle coercitif. Par contre, en approfondissant l'analyse, ces facteurs sont utiles pour l'étude de la première phase d'approche : la séduction.

Le « life-style model » et la « routine activity approach » constituent les deux approches de la théorie des occasions. La première met l'accent sur les occasions qui résultent du mode de vie des victimes et la seconde postule que le crime est le résultat de la rencontre entre un auteur motivé et une victime attrayante. En traduisant ces quelques lignes dans le langage sectaire, on s'aperçoit que la deuxième approche explique de manière intéressante le premier contact entre le recruteur et le futur adepte : le recruteur est motivé pour trouver une « victime », elle-même attirée par les propositions de la secte. « Ce n'est donc pas la simple présence de « cibles » qui compte, mais le rapport existant entre leur attrait et la possibilité de se les procurer sans trop d'inconvénients ou de risques d'une part, et l'attirance et les inconvénients d'autres « cibles » potentielles et éventuellement légitimes d'autre part. » [13] En ce qui concerne le « life style model », il n'y pas de corrélation possible avec les sectes, hormis peut-être, le besoin qu'éprouvent les futurs adeptes de rechercher des solutions pour améliorer leurs conditions de vie et qui les incite ainsi à adopter un certain

---

13. M. Killias, *op. cit.*, Éditions Staempfli & Cie SA, Berne, 1991.

mode de vie. Ces deux modèles ne sont donc pas d'une utilité absolue, par contre, au niveau de la prévention, la théorie de la réduction des occasions de Clarke et Mayhew, transposée au domaine sectaire représente un exercice qui peut paraître un peu saugrenu de prime abord, mais qui donne un éventail d'agissements possibles pour prévenir, non seulement la dérive, mais surtout la capture des adeptes par la secte. L'exercice de transposition des possibilités d'intervention offertes par la théorie situationnelle donne ceci :

a) Réduction de la vulnérabilité des « cibles » des sectes.
b) Suppression des instruments utilisés par les sectes.
c) Réduction du gain tiré de l'activité sectaire.
d) Surveillance formelle ou naturelle.
e) Aménagement de l'environnement.

Cette façon de voir les choses est peu scientifique, certes, mais elle donne l'occasion de montrer que le phénomène sectaire peut être perçu d'une multitude de manières et que certains points méritent une attention particulière. À noter que pour cette vision des choses, les « cibles » représentent les adeptes potentiels. La réduction de la vulnérabilité des cibles réside dans le renforcement des valeurs ancrées des individus. Comme certains se plaisent à le dire, un individu catholique pratiquant ne va pas se laisser happer par un mouvement comme les Témoins de Jéhovah, par exemple. Quelqu'un dont la structure familiale est stable et enrichissante ne va pas tenter de trouver un substitut affectif. La stabilité de l'environnement social est un facteur de réduction de la vulnérabilité des cibles. En clair, il faut essayer de recréer un esprit autour des valeurs fondamentales que la société connaît, tout particulièrement autour de la famille. Elle constitue la cellule de base de toute personne et son influence est parfois négligée. Un enfant jouissant d'une structure familiale stable n'aura pas envie de rechercher des façons de rendre sa vie meilleure. Il y a des exceptions, des trajectoires particulières, mais cela représente une faible proportion.

La suppression des instruments utilisés par la secte pourrait être, par exemple, la pénalisation de notions comme la manipulation mentale, la persuasion coercitive, etc. Une réglementation de telles pratiques les rendrait moins courantes et diminuerait sensiblement le nombre de victimes.

Réduire les gains tirés des sectes diminuerait leur attrait. Pour ce faire, une campagne d'information, de prévention, de mise en garde est nécessaire. Car le grand problème actuel est constitué par le manque de connaissance de la population à l'égard des mouvements « pseudo-religieux » et particulièrement des sectes qui travaillent sous le couvert d'associations ayant l'air totalement indépendantes. La Scientologie, à titre d'exemple, en possède une multitude. Cela constitue la fameuse structure en toile d'araignée, avec imbrication simultanée de plusieurs dimensions.

La surveillance formelle ou naturelle passe par une prise de conscience à la fois du politique et de la population. Les institutions, comme c'est le cas à l'heure actuelle en France, se préoccupent du foisonnement constant des groupes sectaires. Une influence notablc s'est faite ressentir au niveau des organismes judiciaires et de police ; l'attention est plus grande qu'auparavant et cela déteint sur la population. À ce propos, l'influence de la famille, des amis, des collègues de travail, des voisins est très importante, dans la mesure où l'individu capté par une secte va changer son mode de vie et ses habitudes. Une attention accrue de la part des catégories susmentionnées permettrait d'agir rapidement et d'empêcher l'individu de se laisser absorber par le mouvement. Cela dit, cette façon de voir les choses nécessite une solidarité qui n'est malheureusement plus à l'ordre du jour. Le citoyen moyen cherchera plus à satisfaire ses propres envies qu'à passer du temps à s'occuper du bien-être des autres. C'est une dimension qui dépasse nettement le champ de la sphère privée ; c'est une préoccupation sociale.

L'aménagement du territoire peut être perçu en terme d'occupation; donner la possibilité à tout un chacun de se valoriser au sein d'organismes institutionnalisés, connus et répertoriés des politiques bien pensants. Cela ne signifie aucunement une ingérence de l'État dans les affaires privées, mais plutôt la création d'un « label qualité » pour chaque association et ainsi de construire un catalogue des mouvements dont il faut se préoccuper. Ce travail a déjà été effectué par les associations de défense. Il suffirait que les politiques reprennent le flambeau.

L'apport du modèle de Clarke et Mayhew est bien entendu très général et ne correspond pas directement au type de crimes commis par les sectes, mais il donne un aperçu non négligeable sur les moyens de prévenir la dérive et, plus particulièrement, l'embrigadement. Mais comme le constate Martin Killias dans son ouvrage, il faut également tenir compte des risques indirects liés à une action particulière en matière préventive (V. Précis de criminologie). En existe-t-il au niveau des agissements sectaires ? C'est fort probable étant donné la complexité du sujet qui n'est pas sans rappeler les structures de la mafia ou du crime organisé.

Sectes et crime organisé

Une question se pose lorsque l'on parle des mouvements sectaires : font-ils partie de ce qu'on appelle communément le crime organisé, peuvent-ils être comparés à la mafia, par exemple ? Maurice Cusson définit ainsi cette idée : « Par crime organisé, on entend généralement une association structurée, hiérarchisée et permanente de malfaiteurs professionnels obéissant à des règles contraignantes et planifiant méthodiquement leurs opérations. Ces criminels s'enrichissent en répondant à une demande de biens ou services illicites sur des marchés qu'ils monopolisent grâce à l'utilisation systématique de la violence. »[14] L'auteur a ressorti dix attributs hypothétiques de cette définition :

a) Une structure pyramidale.
b) Un pouvoir central.
c) La permanence.
d) Des règles contraignantes.

14. M. Cusson, *op. cit.*, Collection sociologies, PUF, 1998.

e) Des criminels professionnels.
f) Une organisation méthodique des opérations.
g) La réponse à une demande de biens ou services illicites.
h) La monopolisation.
i) Le recours systématique à la violence.
j) La puissance et la menace qu'elle fait peser sur nos démocraties (ce qui est implicite dans le reste).

En insérant ces différents items dans la dynamique sectaire, on constate que quelques-uns correspondent exactement à la définition de la secte, surtout en ce qui concerne l'organisation : structure pyramidale, pouvoir central, permanence, règles contraignantes, organisation méthodique des opérations. Par contre, l'objet n'est pas le même : le recours systématique à la violence et la réponse à une demande de biens ou services illicites n'a pas cours dans un groupe sectaire, hormis certaines exceptions. On se rappelle notamment que la secte AUM pratiquait couramment le trafic de drogue et le blanchiment d'argent, mais ce n'est pas une donnée de base pour tout groupement sectaire. Par contre, une chose est évidente : tout comme les organisations mafieuses, les sectes font peser une menace sur nos démocraties ; un empire comme la Sokka Gakkaï, qui compte environ dix millions d'adeptes à travers le monde pèse sur la société japonaise. Et lorsque son leader déclare son envie de conquérir le monde, on a de quoi s'inquiéter.

Une différence essentielle existe entre le crime organisé et les sectes : la relation avec l'extérieur. La secte vise à se replier sur elle-même, à ne pas considérer l'apport de la société globale ; elle vit en rupture pour donner une efficacité totale à ses structures manipulatrices, basées essentiellement sur une idéologie irrationnelle et trompeuse. Le crime organisé est au contraire tourné vers l'extérieur ; il se fonde sur les lois du marché et profite des failles offertes par le capitalisme pour s'enrichir. Le crime organisé présente la double casquette d'une structure et d'une organisation secrète, mais tournée vers le monde.

Le but de cette partie était de montrer l'apport des théories criminologiques dans le domaine des sectes. On constate que, même si elles ne sont pas directement applicables, ces théories sont dans leur majeure partie utilisables, ce qui, pris dans l'autre sens, démontre que la problématique sectaire a sa place dans les études criminologiques. Il existe une multitude d'autres théories, notamment dans le domaine de la psychologie sociale, telle la dissonance cognitive ou la soumission à l'autorité, et l'apport d'auteurs comme Festinger, Moscovici, Doise ou Schachter [15], mais ce n'était pas le propos de ce texte d'illustrer ces dires. Cependant, le tableau final n'est pas complètement rose, car les moyens de recherche empiriques sont insuffisants et doivent être adaptés pour permettre une vérification des postulats théoriques. Dans ce sens, les futures statistiques de l'Office fédéral de la Statistique, suite au recensement 2000 seront d'une précieuse utilité. Mises en relation avec les statistiques de police et les sondages de victimisation, ces données sur la population permettront d'enrichir la recherche.

15. L. Festinger, H. Riecken, S. Sachter, *Échec d'une prophétie*, PUF, 1993.

4

Sectes et législations

La thématique des nouveaux mouvements religieux et plus précisément des sectes est traitée de manière différente selon le pays dans lequel on se trouve. De manière générale, la France, l'Allemagne, l'Autriche, la Belgique et la Grèce sont des pays qui ont pris conscience de l'ampleur du phénomène et qui ont, par conséquent, entrepris les démarches nécessaires à sa neutralisation. À l'inverse, le Danemark, le Luxembourg, la Suède, l'Italie, l'Espagne et la Suisse tergiversent et ne suivent pas les résolutions entreprises par leurs homologues européens. Une analyse comparée des législations suisse et française représente l'essentiel de cette partie du travail.

La Suisse

La Suisse est caractérisée par le fait que les cantons sont souverains en ce qui concerne le statut juridique des Églises. Au niveau du droit constitutionnel, la secte est définie comme un « mouvement religieux minoritaire et / ou de dissidence par rapport aux confessions majoritaires reconnues » [1]. On

1. M. Borghi, « L'État de droit face aux sectes », dans *Sectes et occultisme, aspects criminologiques*, Verlag Rüegger, Zürich, 1996.

remarque que la législation helvétique différencie les grandes religions telles l'Islam, le Christianisme ou le Judaïsme de ses dérivés, par contre les sectes sont protégées de la même manière, du moins en apparence. Comme le stipule Marco Borghi, juriste : « En substance, on peut constater que le droit constitutionnel protège en principe les sectes. Cependant, cette protection n'est pas absolue ; ainsi, si le problème de déterminer la disposition applicable n'a pour l'essentiel qu'un intérêt académique, il est par contre nécessaire de préciser les conditions de restriction à la liberté religieuse des sectes ».

En droit suisse, la liberté religieuse s'étend donc aux sectes, mais pas de manière absolue. Les restrictions sont nombreuses dès lors que les activités sectaires sont en opposition avec l'ordre public, les bonnes mœurs, ou alors lorsqu'elles violent les « biens de police », notion qui recouvre notamment la santé (intégrité physique et psychique) et la bonne foi dans les relations d'affaires. Dans cette idée, « l'État qui protège le consommateur contre le surendettement lors de l'octroi d'un crédit à la consommation doit a fortiori le protéger contre les conséquences financières de l'activité des sectes » [2].

En conclusion, l'auteur estime « qu'il est primordial d'empêcher que la liberté de religion puisse être détournée et éludée à la couverture d'objectifs et de pratiques inconciliables avec les principes de l'État de droit ; la liberté de religion et en particulier le droit des parents garantis par l'ordre juridique trouvent leur limite dans la limite même de l'ordre juridique. L'État de droit peut et doit, au moins pour les membres les plus faibles et les plus vulnérables de la société, mettre en œuvre toutes les mesures législatives, répressives et préventives, garantissant le respect effectif du noyau de la Constitution, le respect de la personne et de ses caractères inaliénables, notamment la faculté d'autodétermination ». Cette analyse montre le chemin à suivre dans notre pays.

Les outils existent, cependant, force est de constater que leur application fait cruellement défaut. En effet, les préoccupations

---

2. M. Borghi, *op. cit.*, Verlag Rüegger, Zürich, 1996.

sectaires ne sont apparues qu'avec le drame de l'Ordre du Temple Solaire, et encore : depuis lors, la pression est retombée. Au niveau fédéral, il a fallu les efforts de Gérard Ramseyer, conseiller d'État genevois, pour que la Commission de gestion du Conseil National produise un rapport demandant l'intervention de l'État sur les sectes destructrices [3]. Pour le reste, seul le Département de Justice, de Police et des Transports du canton de Genève a demandé à un groupe d'experts genevois de plancher sur la question. Il en est ressorti un rapport intitulé « Audit sur les dérives sectaires », publié en février 1997 sous la conduite de François Bellanger, avocat, chargé de cours à l'université de Genève. Quelques autres analyses sont venues agrémenter les discussions, mais aucune politique sérieuse et soutenue n'a été mise en place. La Suisse est en retard, et se situe dans le décor européen en retrait par rapport à ses homologues français, belges, allemands, autrichiens ou encore grecs.

Rapport de la Commission de gestion du Conseil National

Le but de la Commission est de s'intéresser aux méthodes qui portent atteinte aux libertés constitutionnelles et publiques. L'article 15 de la nouvelle constitution du 18 décembre 1998 garantit la liberté de conscience et de croyance, le libre choix en matière de religion ou de convictions philosophiques, le droit de les professer individuellement ou en communauté, ainsi que le droit d'adhérer à une communauté religieuse ou d'y appartenir et de suivre un enseignement religieux. À noter que ces garanties figurent à l'article 9 de la Convention européenne des droits de l'homme (CEDH). Toutefois, cette garantie de l'article 15 n'est pas totale, en effet, son alinéa 4 précise que nul ne peut être contraint d'adhérer à une communauté religieuse ou d'y appartenir, d'accomplir un acte religieux ou de suivre un enseignement religieux. Cependant, cette « restriction » ne peut s'appliquer aux sectes, puisque l'adepte est considéré comme

3. Rapport de la Commission de gestion du Conseil National, *« Sectes » et mouvements endoctrinants en Suisse. La nécessité de l'action de l'État ou : vers une politique fédérale en matière de « sectes »*, Berne, 1999.

libre de son choix, comme participant de son plein gré. C'est pourquoi la Commission précise que « même au nom d'une croyance, il n'est pas permis de porter atteinte aux droits de l'homme, aux valeurs fondamentales reconnues, au principe des libertés fondamentales ni aux principes de base de la démocratie »[4]. Elle estime que cette idée est implicitement contenue dans l'article 15. Juridiquement, la Suisse donne l'impression d'être bien armée mais plusieurs problèmes généraux sont décrits par la Commission.

Le manque d'information constitue sans nul doute le problème principal : sans information, comment peut-on établir des politiques ? Il y a bien quelques données fournies par des particuliers, des gens intéressés par le sujet, mais il n'existe aucune structure proprement dite, mis-à-part quelques associations de défense qui, malheureusement, manquent de moyens. Outre les problèmes d'information et de recherche, on trouve encore celui de l'application des lois en vigueur ; il est très utile d'avoir des lois, encore faut-il les appliquer. De manière générale, les tribunaux suisses sont avares d'efforts en la matière. Certains estiment que la raison principale de cet « oubli » réside dans une appréciation insuffisamment claire du contenu et des limites de la liberté de croyance, sa délimitation étant difficile à effectuer. Le manque de connaissance des dangers des structures et des méthodes sectaires empêche d'avoir une efficacité optimale. Ce vide de connaissance pousse les autorités à la plus grande prudence lorsqu'il s'agit de condamner.

Un autre aspect fort intéressant a trait à la responsabilité. « Lorsque des délits sont commis dans le contexte interne à des groupes endoctrinants, les conditions sont très différentes de celles inhérentes à des délits commis dans d'autres circonstances. En effet, le lésé ne remarque pas tout de suite qu'il a été victime d'un acte délictueux et, d'autre part, il est difficile de savoir clairement qui est responsable de cet acte

---

4. Rapport de la Commission de gestion du Conseil National, *op. cit.*, Berne, 1999.

délictueux. »[5] La Commission parle également de peur, de dépendance financière. À un niveau plus individuel, elle mentionne l'exploitation, l'attachement excessif, la mise en danger de la santé, la mise en danger du bien de l'enfant, l'altération du libre arbitre comme problèmes inhérents à la dynamique sectaire.

Un problème supplémentaire est issu des autorités : aujourd'hui encore, l'État pense que le monde de la croyance fait partie intégrante de la sphère privée, c'est pourquoi il ne se risque pas à intervenir. Cependant, et les exemples sont légions autour de nous, l'intervention de l'État ne contrevient en aucune façon au principe de la liberté de conscience et de croyance. « Il ne s'agit pas de rechercher une attitude plus radicale envers les groupements intolérables, mais bien de prises de positions personnelles des politiciens, membres d'autorités législatives et exécutives, qui se prononceraient sur le sujet comme c'est le cas chez nos voisins allemands. Contrairement à la Suisse, ils ont repris la peur de la population et ont ainsi reconnu la dimension sociale du problème. »[6] La prise de position de la Commission est dès lors très claire : elle estime non seulement que des mesures politiques sont nécessaires, mais demande qu'une politique en matière de « sectes » soit établie. En effet, de par les différentes législations cantonales le paysage helvétique présente une pluralité d'opinions en la matière. Le Conseil fédéral se doit d'établir un cadre de base qui servirait de fil conducteur aux cantons. Tant que ce fondement ne sera pas établi, une politique cohérente de lutte contre les abus sectaires n'aura aucun effet. La Commission l'a bien compris et a ainsi demandé au Conseil fédéral de prendre position sur le contenu du rapport à la fin de l'année 2000.

5. Rapport de la Commission de gestion du Conseil National, *op. cit.*, Berne, 1999.

6. Rapport de la Commission de gestion du Conseil National, *op. cit.*, Berne, 1999.

L'exemple genevois

« Au sein d'un pays libre dont le sens de la démocratie est souvent cité en exemple, il n'est pas possible d'éviter le débat personnel, intime, que détermine la notion des libertés individuelles. Le droit inaliénable existe de penser ce que nous voulons et de le dire. Nous respectons d'autres confessions, d'autres croyances, la pratique d'autres cultes. Cette tolérance n'a en fait pour limites que celles que trace l'intolérance d'autrui. C'est donc une réaction inévitable que de contester la volonté de pouvoir d'une secte et de s'inquiéter du recours à des méthodes permettant, le cas échéant, de contourner les volontés individuelles, de dépasser les résistances intellectuelles, méthodes permettant de contraindre. En outre et au demeurant, il n'est pas facile d'admettre que dans une certaine mesure, le succès de ces sectes est en même temps l'échec de nos églises, mais c'est un autre sujet. » [7]

Suite à la dérive de la secte de l'Ordre du Temple solaire, Gérard Ramseyer a mandaté une commission d'experts dans le but de discuter la problématique des dérives sectaires. L'analyse vise à traiter quatre secteurs juridiques spécifiques selon trois axes de réflexion. Les secteurs juridiques sont le droit de la famille, le droit administratif, le droit fiscal et le droit pénal. Le premier axe de réflexion dresse un inventaire des lois en vigueur, le second porte sur les lois qu'il serait possible d'introduire pour mieux combattre le phénomène, et le troisième a trait à la problématique sectaire dans son sens le plus large possible.

En guise de préambule, le rapport des experts recommande une augmentation des effectifs de la police en ce qui concerne la détection et la prévention d'actes illicites de mouvements à caractère sectaire dangereux, de même qu'une collaboration accrue avec la police française, étant donné le caractère transfrontalier de la problématique genevoise. En outre, il estime qu'une information neutre au public devrait être mise en

---

7. G. Ramseyer, dans *Audit sur les dérives sectaires / rapport d'experts genevois au Département de Justice et Police et des Transports du Canton de Genève*, S. Hurter, Genève, 1997.

œuvre afin de renforcer l'effet préventif. Quant aux associations d'aide aux victimes, elles devraient bénéficier d'un soutien de la part de l'État. Ces quelques recommandations générales indiquent la voie à suivre, mais nécessitent un certain temps d'adaptation ; il faut travailler dans l'urgence, mais pas dans la précipitation. Les approches sous l'angle du droit familial et du droit pénal méritent quelques éclaircissements.

Concernant les enfants, Martin Stettler, professeur de droit civil à l'université de Genève, estime que « l'incertitude de l'avenir, le mal-être personnel ou familial et l'individualisation croissante de la quête spirituelle favorisent la multiplication de groupes proposant une explication globale de l'homme et la naissance de nouvelles formes de religiosité ». « Le défaut d'autonomie culturelle et matérielle qui caractérise le statut de la plupart des mineurs en fait des cibles médiates ou immédiates privilégiées. » [8] Comme l'enfant est tributaire des détenteurs de l'autorité parentale, il est directement influencé par les agissements de ces derniers, et puisqu'un retrait de cette autorité n'est prévisible que dans un nombre restreint de cas, il est difficile de le protéger. Les experts ont bien repéré cet état et recommandent les points suivants :

« Dans l'exercice de l'autorité parentale, il conviendrait de prêter une attention plus soutenue au besoin inné de sécurité, à l'importance d'identité personnelle, à l'existence ou au défaut de projets, ainsi qu'à la nécessité du débat d'idées et de convictions. »

« Multiplication des lieux d'information et de partage destinés aux parents et aux jeunes à la recherche de terrains d'échanges. »

« Dans l'enseignement public, concentration de l'attention sur les exigences de la laïcité, l'accès à l'information sur les activités des mouvements sectaires. »

---

8. M. Stettler, dans *Audit sur les dérives sectaires / rapport d'experts genevois au Département de Justice et Police et des Transports du Canton de Genève*, S. Hurter, Genève, 1997.

« Augmenter l'efficacité des procédures d'autorisation et de surveillance régissant l'enseignement privé pour éviter l'infiltration de mouvements inconnus. »

« Mise sur pied d'une commission pluridisciplinaire chargée de l'information continue et du conseil. »

« Meilleure compréhension des attributions de chaque organe des autorités judiciaires genevoises afin de faciliter l'approche des situations les plus complexes. » [9]

De ces recommandations, on peut ressortir un élément qu'on retrouve quasiment à chaque item : l'information. C'est actuellement le mot d'ordre de chacun. L'information constitue l'élément préventif essentiel en matière de sectes. En ce qui concerne les jeunes, un programme d'éducation religieuse neutre est nécessaire pour les sensibiliser et les rendre attentifs aux différentes possibilités de cultiver leur foi. Certes, l'information est primordiale et tous les spécialistes en ont conscience, mais il ne faut pas oublier que l'effet informatif passe par une prise de position des politiques et des autorités judiciaires ; la population doit sentir que la classe dirigeante se préoccupe de ce sujet. Alors seulement, l'écho se fera entendre.

En matière pénale, le rapport d'experts souligne le fait que l'arsenal juridique suisse est bien fourni pour contrer l'action des sectes, mais qu'il peut encore être complété. La notion de manipulation mentale ou de déstabilisation psychique fait défaut. « On ne peut se résoudre à attendre que des lésions à l'intégrité corporelle ou des atteintes à la liberté soient clairement établies pour intervenir. À cette fin, on devrait pouvoir envisager, si l'état de déstabilisation mentale peut être constaté médicalement, la création d'une norme pénale qui permettrait de punir les personnes responsables de la création d'un tel état chez la victime. Alternativement, en l'absence d'une définition médicale de l'état intermédiaire entre la « normalité » et la *lésion corporelle de nature psychique*, on pourrait envisager d'édicter une norme qui vise les *actions* des auteurs *tendant à la déstabilisation* ». « En outre, concernant les abus issus de l'ignorance, de la faiblesse, de la dépendance, il

9. M. Stettler, *op. cit.*, S. Hurter, Genève, 1997.

faudrait édicter une règle qui compléterait les normes pénales de l'usure, de la contrainte ou de l'abus de la détresse en matière sexuelle. Ainsi, l'abus frauduleux de l'état d'ignorance ou de la situation de faiblesse d'une victime serait punissable dans la mesure où les actes ou omissions qui en résulteraient lui seraient gravement préjudiciables. »[10] Ces deux normes permettraient de limiter considérablement le rayon d'action des sectes. Cependant, elles sont relativement abstraites puisqu'elles ne concernent pas une infraction particulière, mais un ensemble de notions. Ceci présente le double désavantage suivant : au niveau de l'application relative aux dérives sectaires les éléments constitutifs de l'infraction seraient difficiles à établir et, d'un point de vue général, il pourrait y avoir abus d'utilisation de ces normes.

Cet audit sur les dérives sectaires date de 1997 et aujourd'hui seul un groupe de travail intercantonal travaille sur la création d'un « Centre d'information sur les croyances ». À Genève, il est prévu de compléter le code de procédure pénale par des dispositions concernant les dérives sectaires. Ceci démontre bien le peu d'intérêt que suscite ce sujet dans la classe politique. Suite à l'audit de 1997, les espoirs étaient réels, mais force est de constater que la pression est retombée. La Suisse tergiverse et n'apparaît pas vouloir s'investir davantage, comme en témoigne cette phrase issue du Rapport sur la protection de l'État 1999 de la Police fédérale : « Il convient de relever que les groupements religieux bénéficient de la protection des droits fondamentaux, en particulier des libertés de conscience, de croyance, du culte et d'association. Conformément au droit en vigueur, les organes suisses de la protection de l'État ne peuvent mettre en œuvre des mesures de police préventive que s'ils soupçonnent que des crimes ou délits intéressant la sûreté du pays sont commis dans le cadre des activités d'une secte. La Police fédérale ne s'occupe en principe pas des sectes aussi longtemps qu'aucun indice ne donne à penser que la sécurité de

10. M. Harari, dans *Audit sur les dérives sectaires / rapport d'experts genevois au Département de Justice et Police et des Transports du Canton de Genève*, S. Hurter, Genève, 1997.

la Suisse et de ses habitants n'est pas compromise par les activités de tels groupements. »[11]

La France

La France est sans nul doute le pays européen le plus entreprenant en matière de répression sectaire. Que ce soit au niveau politique, juridique ou encore des associations de défense, il demeure très actif. Suite aux tragédies de Waco en 1993, de l'Ordre du Temple solaire en 1994 et d'AUM en 1995, l'opinion publique s'est fortement émue. L'Assemblée nationale a directement tiré la sonnette d'alarme en créant, le 26 juin 1995, une commission d'enquête chargée d'étudier le phénomène des sectes et de proposer, s'il y a lieu, l'adaptation des textes en vigueur. Le rapport de cette commission d'enquête a eu pour conséquence la création en 1996 d'un Observatoire des sectes, remplacé en 1998 par la MILS, Mission Interministérielle de Lutte contre les Sectes. La MILS est dotée de moyens opérationnels qui marquent la volonté claire des pouvoirs publics de passer d'une phase d'observation à une phase d'application. Elle a des pouvoirs renforcés grâce à la présence de représentants des différents ministères qui peuvent faire directement des propositions au Premier Ministre. En 1998, l'Assemblée nationale décide de prolonger et de compléter le travail effectué en 1995, car l'évolution récente du phénomène sectaire montre clairement qu'aucun réel antidote n'a été trouvé. « Si l'on devait, d'une phrase, caractériser l'évolution du phénomène sectaire au cours des dernières années, ce serait pour montrer qu'il a perdu en spiritualisme ce qu'il a gagné en mercantilisme et que sa nocivité s'en est accrue d'autant. »[12] L'Assemblée nationale a donc décidé d'étudier l'aspect financier des sectes et de voir si la constitution d'empires est bien réelle.

---

11. Police fédérale, *Rapport sur la protection de l'État 1999*, Berne, 2000.

12. France. Assemblée nationale. Commission d'enquête sur la situation financière, patrimoniale et fiscale des sectes, *Les Sectes et l'argent*, Assemblée nationale, 1999.

En marge de ces différentes commissions d'enquêtes, plusieurs projets de lois ont été présentés depuis 1997. À titre indicatif, le 16 juin 2000, date de remise à l'Assemblée nationale du rapport de la Commission des lois constitutionnelles, de la législation et de l'administration générale de la République, plusieurs projets visant la répression des sectes ont été présentés, notamment un projet tendant à créer un délit de manipulation mentale et un projet sur la protection des personnes vulnérables aux activités répréhensibles des sectes. De plus, en décembre 1998, une loi visant à renforcer le contrôle de l'obligation scolaire a constitué une sorte de modèle de ce que peut apporter une action déterminée et réfléchie, menée dans un esprit de consensus. « L'opportunité de légiférer en la matière ne fait plus de doute. Le débat porte désormais sur les moyens à mettre en œuvre. » [13] La France n'en est donc plus à l'analyse de la situation, mais à la phase d'application, alors qu'en Suisse, on a de la peine à mettre en route une discussion au niveau fédéral.

Rapport 1995 de la Commission d'enquête sur les sectes

« Dès l'abord, la Commission a été confrontée à la difficulté de définir le terme de secte pour délimiter le champ de son étude. Néanmoins, elle a choisi de ne pas se laisser arrêter par ce qui n'est en réalité qu'un faux obstacle, et de suivre avec persévérance une démarche empirique que d'aucuns pourraient juger insuffisamment ambitieuse mais dont la modestie cache un souci de réalisme et d'efficacité. C'est donc sans esprit de système, sans a priori d'aucune sorte, et en prenant toujours le plus grand soin de ne pas procéder à des amalgames abusifs ni de tomber dans la paranoïa, sans pour autant faire preuve d'angélisme ou, au moins, de naïveté, que la Commission a tenté d'apprécier les contours d'un phénomène qui, bien que difficile à appréhender, semble se développer, avant de constater qu'il revêt des formes diversifiées et se caractérise

---

13. France. Assemblée nationale. Commission des lois constitutionnelles, de la législation et de l'administration générale de la République, *Rapport sur des propositions de loi*, Assemblée nationale, 2000.

souvent par des pratiques dangereuses, et, enfin, de dégager les moyens d'une riposte adaptée à cette dangerosité. »[14] Cette phrase illustre bien la volonté de la Commission d'effectuer un travail descriptif, de photographier la situation et de prendre les mesures nécessaires pour neutraliser la machine sectaire. Aucune prise de position marquée n'est souhaitée ; le travail se veut le plus objectif possible.

Dans la première partie du rapport, la Commission tente de définir la notion de secte, ce qu'elle a du mal à effectuer, puisque ce concept est totalement inconnu du droit français. À ce problème de définition, s'ajoute la difficulté de mesurer le phénomène en raison de la pluralité des éléments qui gravitent autour d'un mouvement. De plus, le choix des critères servant à le mesurer est extrêmement complexe.

La perception du phénomène a débuté dans les années 70 avec la mise en garde des églises contre l'apparition croissante des « nouveaux mouvements religieux », puis s'est accélérée avec les drames que l'on connaît. Aujourd'hui, on peut dire que les sectes développent des moyens financiers puissants, en sont témoins les empires créés par la Scientologie et la Sokka Gakkaï. Il n'en demeure pas moins que les sectes apportent des réponses à des besoins importants. Et si des besoins existent, c'est qu'il y a des lacunes dans notre société. L'ébranlement des croyances traditionnelles au niveau politique, social et religieux du 19ème siècle a remis en cause le système ; les points de repère ont disparu pour laisser un vaste trou que certains individus mal intentionnés n'ont pas manqué de combler.

On distingue une multitude de mouvements différents qui peuvent être rattachés à une famille de pensée ou de pratique. Les principales englobent les groupes « New Age », alternatifs, évangéliques, apocalyptiques, sataniques, occultistes, guérisseurs, néo-païens, psychanalytiques, ufologiques, syncrétiques ou encore orientalistes. Incontestablement, le courant « New Age » s'érige en référence de cette fin de siècle : « Concept à la mode depuis les années 70 qui a trouvé son

---

14. France. Assemblée nationale, Commission d'enquête sur les sectes, *Les Sectes en France*, Assemblée nationale, 1995.

terreau dans les communautés californiennes post-soixante-huitardes, qui remettaient en cause le vieux monde dans des tentatives de réconciliation entre la science et l'irrationnel. Il prône la rupture avec les habitudes de vie jugées pernicieuses au profit de pratiques « naturelles » : nourritures biologiques, médecines douces, thérapies non-médicamenteuses, etc. Il accorde une place privilégiée, dans la thérapie des états altérés de conscience, aux expériences de mort imminente. Son caractère panthéiste, son flou artistique et son aspect novateur attirent aisément les esprits incertains. À ce titre, le New Age constitue un gisement inépuisable de gains pour les sectes et les marchands d'illusion. Mais le risque de dérive et de récupération politique n'est pas à mésestimer. » [15]

Le New Age est un style de vie, et beaucoup de sectes ont repris cette philosophie pour établir leur mouvement. À l'heure actuelle, la plus grande partie des groupes sectaires s'inspire du New Age, mais également de la dominante « guérisseuse », qui reprend des thèmes comme le SIDA ou le cancer, fortement médiatisés.

La Commission a ensuite travaillé sur les menaces que font planer ces organisations sur l'individu et la collectivité. Elle a reconnu des illégalités dans six domaines principaux :

- Atteintes physiques à la personne humaine.
- Diffamation, dénonciation calomnieuse, violation de la vie privée.
- Fraude fiscale.
- Escroquerie, tromperie, abus de confiance.
- Violation d'obligations familiales.
- Violation du droit de travail ou de la sécurité sociale.

Pour l'individu, il en découle plusieurs dangers, à savoir la déstabilisation mentale, l'exigence financière exorbitante, la rupture avec l'environnement d'origine, l'atteinte à l'intégrité physique. La Commission se distingue des pays dits « laxistes » en matière de répression sectaire lorsqu'elle énumère les

15. A. Drogou, *Le Dico des sectes*, Toulouse : Milan, cop., 1998.

dangers pour la collectivité. Elle parle de discours antisociaux, de troubles de l'ordre public, de politique néo-fasciste, de détournement des circuits économiques, d'infiltration des pouvoirs publics. Autant d'éléments que la Suisse et notamment la police fédérale considèrent comme négligeables. On peut raisonnablement se poser la question de savoir si la Commission va trop loin dans son appréciation, mais lorsque l'on ressort certains chiffres, le doute n'est plus permis. (Pour cette analyse, se référer au chapitre suivant). Dès lors, il faut se consacrer à l'étude des moyens dont il faut user pour se prémunir des agissements des groupes sectaires.

En premier lieu, la Commission estime qu'il est inopportun de créer un régime spécifique aux sectes, étant donné que cela poserait des problèmes de définition et qu'un tel régime serait incompatible avec certains principes républicains. En outre la pluralité des mouvements sectaires donne lieu à différentes situations, ce qui rend infaisable l'unification sous un même régime juridique. Dans ces conditions, la Commission met l'accent sur la nécessité de créer un observatoire pour améliorer la mesure quantitative et sur la prévention comme mode d'action à privilégier. D'autre part, elle estime qu'il vaut mieux utiliser le dispositif juridique actuel, et au besoin l'améliorer. « Cela dit, il faut être lucide : les mesures proposées ici ne suffiront probablement pas à elles seules à faire disparaître ces dangers. Reflet de difficultés du monde actuel, symptôme d'un profond malaise social, image d'une crise morale autant que civique, le phénomène sectaire appelle aussi, en effet, une réponse globale à l'ensemble des grands problèmes de l'époque contemporaine. » [16]

Rapport 2000 de la MILS

La MILS (Mission Interministérielle de lutte contre les sectes) a établi, eu égard aux rapports de 1995 et 1999, une

16. France. Assemblée nationale, Commission d'enquête sur les sectes, *op. cit.*, Assemblée nationale, 1995.

classification [17] « moderne » des groupes sectaires relative aux dangers qu'ils sont susceptibles de créer :

a) « Les mouvements dont le fondement philosophique ou religieux est incontestable mais dont certains comportements sont attentatoires aux libertés, aux droits de l'homme ou encore aux principes constitutionnels et aux lois. » La neutralisation de telles sectes passe par une bonne connaissance des doctrines. En constatant les supercheries et les éventuels scénarios apocalyptiques, l'action pourrait être menée préventivement.

b) « Les groupes sectaires agissant en permanence aux marges de la légalité et disposant (mais pas toujours) d'une organisation forte. » Ce genre de mouvements demande une vigilance accrue dans les domaines de la formation professionnelle et des psychothérapies, qui sont insuffisamment encadrées par la loi.

c) « Les sectes absolues qui rejettent les normes de la démocratie et propagent une anticulture fondée sur le primat d'une élite formée dans le dessein de dominer le reste de l'humanité et, pour certaines, sur la préconisation ouverte du racisme. » Ce type de groupement ne représente qu'une minorité, mais une minorité dangereuse qu'il s'agit de neutraliser rapidement.

d) « Les mouvements qui sont l'objet d'une suspicion dont l'origine n'est pas toujours aisément décelable mais dont les effets nocifs perdurent en dépit du caractère négatif ou peu probant des investigations demandées. »

Outre cette classification basée sur la dangerosité potentielle des sectes, la MILS s'est intéressée, durant l'année 1999, aux Départements d'Outre-Mer et à l'implantation sectaire en ces lieux. À la stupéfaction générale, le taux d'adhésion est évalué entre 20 et 25 % de la population, ce qui est énorme. Les gens sont relativement sensibles à la propagande et au prosélytisme sectaire en raison de l'instabilité sociale qui réside là-bas. Outre cette analyse des Départements d'Outre-Mer, le rapport de la

17. Mission Interministérielle de lutte contre les sectes, *Rapport*, MILS, 2000.

MILS consacre une partie de ses pages à l'emprise sectaire sur les entreprises, ainsi qu'aux différents projets de loi qui ont jalonné la vie de l'Assemblée nationale et du Sénat. Un élément intéressant réside dans la définition de la secte que la Mission a élaborée : « Une secte est une association de structure totalitaire, déclarant ou non des objectifs religieux, dont le comportement porte atteinte aux Droits de l'Homme et à l'équilibre social. »[18] La dimension d'équilibre social rend nécessaire l'intervention de l'État, puisqu'il s'agit d'une préoccupation nationale. Et de rappeler encore une fois que cette idée n'a pas encore fait son chemin en Suisse.

Depuis le milieu des années 1990, la France a commencé une véritable croisade à l'encontre des abus commis par les groupes sectaires. Après quelques temps consacrés à l'analyse du problème, elle entame aujourd'hui une phase d'application, par l'introduction de différentes lois. Les tribunaux sont conscients de leur importance en la matière, car il ne suffit pas d'avoir les textes, encore faut-il les appliquer.

Loi du 12 juin 2001

Adoptée par l'Assemblée nationale et le Sénat, promulguée par le Président de la République, la « loi n°2001-504 du 12 juin 2001 tendant à renforcer la prévention et la répression des mouvements sectaires portant atteinte aux droits de l'homme et aux libertés fondamentales » est le résultat de six ans de discussions et de rapports divers au sein des autorités françaises. Établi en étroite collaboration avec la MILS, ce texte a force de loi d'État et est applicable sur tout le territoire français, y compris la Nouvelle-Calédonie, la Polynésie française, les îles Wallis-et-Futuna et la collectivité territoriale de Mayotte.

Cette nouvelle loi suscite à la fois beaucoup d'espoirs mais également beaucoup d'inquiétudes, même parmi les plus hautes instances européennes : peu avant l'adoption du texte,

---

18. Mission Interministérielle de lutte contre les sectes, *op. cit.*, MILS, 2000.

l'Assemblée parlementaire du Conseil de l'Europe a déclaré que cette loi « risque de créer une discrimination religieuse en France » et qu'elle « pourrait emporter violation des normes internationales et européennes relatives aux droits de l'homme » [19].

Il est vrai que ce texte de loi ne se contente pas de prévenir un danger éventuel ou de recommander une certaine prudence à l'égard des groupes sectaires dangereux ; il établit un véritable appareil répressif. L'article premier prévoit « la dissolution de toute personne morale, qu'elle qu'en soit la forme juridique ou l'objet, qui poursuit des activités ayant pour but ou pour effet de créer, de maintenir ou d'exploiter la sujétion psychologique ou physique des personnes qui participent à ces activités, lorsque ont été prononcées, contre la personne morale elle-même ou ses dirigeants de droit ou de fait, des condamnations pénales définitives pour l'une ou l'autre des infractions mentionnées ci-après » : « 1. Infractions d'atteintes volontaires ou involontaires à la vie ou à l'intégrité physique ou psychique de la personne, de mise en danger de la personne, d'atteinte aux libertés de la personne, d'atteinte à la dignité de la personne, d'atteinte à la personnalité, de mise en péril des mineurs... 2. Infractions d'exer-cice illégal de la médecine ou de la pharmacie. 3. Infractions de publicité mensongère, de fraudes ou de falsifications. » [20] En outre, cette loi étend la responsabilité pénale des personnes morales à certaines infractions, dont notamment l'abus frauduleux de l'état d'ignorance et de faiblesse, et limite la publicité des mouvements sectaires.

La France a donc mis en place un système législatif répressif. Malgré les réactions mitigées, on ne peut que se féliciter de cette avancée conséquente en matière de lutte contre les abus de groupes sectaires. Il n'en demeure pas moins que

---

19. Assemblée parlementaire du Conseil de l'Europe, *Déclaration écrite du 26 avril 2001 sur la Liberté religieuse et les minorités religieuses en France*, Conseil de l'Europe, 2001.

20. Loi n°2001-504 du 12 juin 2001 tendant à renforcer la prévention et la répression des mouvements sectaires portant atteinte aux droits de l'homme et aux libertés fondamentales.

son application sera difficile et demandera d'importantes investigations de la part des tribunaux. De plus, la France subit de vives critiques un peu partout en Europe, ce qui ne va pas faciliter la collaboration. Et, dans cette voie, une concertation semble nécessaire pour aboutir à une politique préventive et répressive efficace.

Les institutions européennes

Dans une perspective de collaboration internationale, le rôle de l'Union européenne est primordial. C'est à elle de donner une impulsion pour qu'une politique commune à l'égard des mouvements sectaires soit établie. À l'heure actuelle, elle ne semble guère se préoccuper sérieusement du sujet. Un projet de recommandation avait bien été entamé en 1996 au sein du Parlement, mais il n'a jamais abouti. Quant à la Commission, elle estime que le problème particulier des sectes n'est pas de sa compétence. Cependant, une certaine évolution apparaît : un projet de charte des droits fondamentaux de l'Union européenne a été lancé dans le courant de l'année 2000. Sous la pression des différents gouvernements, l'Union européenne reprend une discussion entamée il y près de six ans.

Le document de travail 1996 du Parlement

Suite aux différentes commissions d'enquêtes qui ont vu le jour en France, en Belgique et en Allemagne, le Parlement européen a décidé, en février 1996, de créer un groupe de travail dont l'objectif est double : « Procéder à un échange d'informations sur l'organisation, le fonctionnement et le comportement de ces « communautés » dans chaque État membre et parvenir à des conclusions sur la meilleure façon d'endiguer leurs activités inopportunes et sur les stratégies à suivre pour mettre en garde les populations. » [21]

---

21. Parlement européen, *Les Sectes en Europe*, Direction générale des Études, 1996.

Le groupe de travail n'a pas entamé un débat sur la définition de la secte, estimant que la priorité était ailleurs, comme le stipule le double objectif susmentionné. Les différents participants sont arrivés à la conclusion que la coopération est nécessaire et qu'elle pourrait très bien se faire dans le cadre d'Europol pour ce qui est des activités criminelles. Ils veulent éviter la création de nouveaux instruments qui alourdiraient encore la procédure.

M. Dusquene[22] a fait profiter ses collègues de l'expérience belge et rappelle que : « On devrait compléter notre arsenal juridique par une redéfinition de la criminalité organisée, la possibilité de constitution de partie civile par des associations de défense des victimes, une éventuelle incrimination pénale de la manipulation, ou en tout cas, comme en France, de l'abus de la situation de faiblesse d'une personne, le renversement de la charge de la preuve pour certaines infractions, l'adaptation de la législation sur la protection de la vie privée, la réglementation de la scolarisation à domicile, la répression de l'incitation au suicide, une plus grande exigence de transparence des associations et un meilleur contrôle de leurs membres et des flux de financement, une amélioration du système de répression du blanchiment d'argent et peut-être prévoir que lorsque certaines infractions sont commises dans le cadre de mouvements sectaires, l'appartenance au mouvement sectaire pourrait constituer une circonstance aggravante, une meilleure protection du contact avec les familles, le milieu social et professionnel. »

L'approche du député belge est pertinente dans le sens où il assimile les mouvements sectaires au crime organisé. On a vu dans le chapitre consacré à cette analyse que certains points concordent tout à fait entre les deux notions. Néanmoins, toute secte n'est pas partie prenante dans le crime organisé. Il serait donc erroné de définir la secte uniquement sous cet angle.

Aux yeux de tous, la coopération internationale est essentielle et passe par une harmonisation des systèmes

---

22. Rapporteur pour la commission d'enquête parlementaire chargée des sectes au sein de la Chambre des Représentants de Belgique.

juridiques. Par contre, la création d'une législation spécifique aux sectes est inutile, entendu qu'il existe suffisamment d'instruments légaux. En outre, la prévention par l'information est fortement soutenue. Au niveau criminel, Europol pourrait jouer le rôle de coordinateur de l'ensemble des informations.

Le groupe de travail avait donc entamé de manière claire une campagne antisectaire, peut-être même trop marquée d'ailleurs. Les résultats attendus n'ont pas abouti, puisque le rapport a été édulcoré par la pression et la présence de nombreuses sectes durant le débat. Le rapport est ainsi devenu contradictoire et renvoyé en Commission. Aucune conclusion ne sera jamais tirée.

Rapport 1999 du Conseil de l'Europe

Dans une première partie, le rapport met en garde le monde des experts contre deux dangers. Tout d'abord celui de joindre tous les groupes sectaires sous la même définition, en englobant les petits mouvements de méditation et les grandes multinationales. Il faut différencier les cas et ne pas définir le concept de secte de manière trop générale. Ensuite, il convient de différencier les sectes des religions et de ne pas entrer dans le faux débat des sectes qui se prétendent être religions. Les organes étatiques doivent rester neutres et se concentrer sur les aspects de violations des normes juridiques. Une définition de la dangerosité des sectes par les actes qu'elles commettent sous le couvert de certaines croyances permet d'éviter l'enlisement dans une réflexion basée uniquement sur le religieux. Les actes commis sont le vecteur de classification des sectes jugées dangereuses ou non. Car en débattant sur le problème des religions, on ne peut que se résoudre à penser ceci : les religions ne sont-elles pas des sectes qui ont réussi ? Si on prend le christianisme, force est de constater qu'à l'origine, ce courant religieux présente tous les aspects d'une secte au point de vue idéologique ; côté novateur et dérangeant qui a valu aux chrétiens d'être persécutés pendant plusieurs décennies. Il est donc bon de se guider par rapport aux actes qui vont à l'encontre de notre philosophie démocratique. Dans les grandes lignes, le rapport propose les recommandations suivantes :

- Prévention qui passe par l'information.
- Création de centres nationaux d'information.
- Formation sur l'histoire des grands courants de pensée dans le respect de la neutralité de l'État.
- Accent mis sur la protection de l'enfant.
- Création d'organisations non gouvernementales recueillant et diffusant des informations sur les groupes à caractère religieux, ésotérique ou spirituel.
- Intervention des services sociaux en cas de non-respect de l'obligation scolaire.
- Sanction de la pratique illégale de la médecine.
- Réflexion sur les conséquences de la « manipulation mentale ».
- Effort particulier pour les pays d'Europe centrale et orientale qui n'ont aucune structure.

Les différents points énumérés ci-dessus démontrent un constat évident : le Conseil de l'Europe se situe au même point de réflexion que la Suisse. En effet, le débat tourne autour de l'information et de la prévention et non, comme c'est le cas en France, sur les modes d'actions juridiques. Une indéniable envie de bien faire est présente, mais on sent très bien que l'idée répressive doit encore faire ses preuves.

Cette étude de la Suisse, de la France et des institutions européennes montre que le travail à fournir est considérable, particulièrement en ce qui concerne l'harmonisation des politiques. Les sectes étant transfrontalières, il n'est pas possible de concevoir ce problème uniquement sous l'angle national. Une coopération internationale est obligatoire et passe par une prise de conscience marquée des instances européennes. Très influents, des pays comme la France ou l'Allemagne se doivent de mettre la pression. L'image d'une secte se développant en multinationale n'est pas surfaite et, de là à penser qu'elle puisse devenir un partenaire incontournable du politique, il n'y a qu'un pas. À titre indicatif, en 1995, la

SokkaGakkaï comptait plus de 17 millions d'adeptes dans le monde, et la Scientologie 11 millions [23].

---

23. France. Assemblée nationale. Commission d'enquête sur les sectes, *op. cit.*, 1995.

5

Les chiffres suisses

En Suisse, aucune analyse statistique n'a été faite au niveau des instances politiques. Seuls les chiffres avancés par des organisations privées et par les sociologues de la religion permettent d'avoir un aperçu de la situation. Bien entendu, tous les mouvements sont répertoriés et on ne différencie pas les sectes dangereuses des autres.

En se basant sur le recensement fédéral de 1990, Jean-François Mayer a relevé que 2 % de la population suisse se réclame d'un groupement constitué autour d'une croyance qui se distancie des grandes religions [1]. Il mentionne le fait que ces adhérents font partie d'environ 300 mouvements. D'autres sources, notamment religieuses, parlent de 600 à 800 mouvements. Ces différences, comme le souligne le rapport du Conseil national, « découlent d'une part de l'approche et des intérêts particuliers des divers auteurs et, d'autre part, du phénomène en tant que tel ». « Ainsi, tous les mouvements ne sont pas constitués en groupements et ne sont donc pas pris ou ne peuvent pas être pris en compte par les statistiques. En outre,

1. Rapport de la Commission de gestion du Conseil National, *« Sectes » et mouvements endoctrinants en Suisse. La nécessité de l'action de l'État ou : vers une politique fédérale en matière de « sectes »*, Berne, 1999.

il faut également partir du principe qu'il existe une zone grise, confuse, non structurable et non quantifiable qui entraîne un risque de focalisation de l'intérêt sur un nombre de mouvements limités bien connus. Il semblerait cependant que la Suisse (avec la Grande-Bretagne et la Hollande) soit en effet le pays le plus touché par la multiplication des mouvements à caractère religieux. »[2]

Entre 1980 et 1990, le rapport constate un net recul des Églises traditionnelles au profit d'un athéisme prononcé : « Le nombre des personnes qui se décrivent comme n'appartenant à aucune religion est passé de 3,8 à 7,4 %. À l'heure actuelle, environ un suisse sur cinq se considère comme n'appartenant à aucune religion ou confession. » Il sera fort intéressant de voir l'évolution à travers les résultats du recensement 2000 de l'Office fédéral de la Statistique.

En attendant ces données, une double perspective permet d'apporter un éclairage supplémentaire sur la situation helvétique durant les années 90. Tout d'abord, une analyse de la jurisprudence et notamment des arrêts du Tribunal fédéral concernant l'activité sectaire, puis une approche fondée sur les données statistiques d'Infosekta, organisme de renseignement sur les sectes implanté à Zürich.

Analyse de la jurisprudence

« Les Communautés religieuses et les sectes bénéficient de la protection des droits découlant de la constitution, notamment de la liberté, de conscience et de croyance, de la liberté de culte et de la liberté d'association. Elles doivent cependant, comme tout un chacun, se conformer aux préceptes et aux interdits de notre ordre juridique ; dans l'exercice de leurs droits fondamentaux, elle doivent également respecter les droits fondamentaux d'autrui, en particulier ceux des personnes qui se rallient ou qu'elles gagnent à leur cause. Lorsqu'elles violent ces droits fondamentaux, il convient de les poursuivre, au même

2. Rapport de la Commission de gestion du Conseil National, *op. cit.*, Berne, 1999.

titre que n'importe quel autre groupe de personnes. »[3] Cette déclaration du Conseil fédéral exprime de façon claire l'opposition entre différents droits constitutionnels, ce qui, en matière de sectes, fait de la protection des uns l'expression de la violation des autres.

Arrêts sur les sectes publiés de manière exhaustive, décennies 1874-1884 à 1984-1994[4]

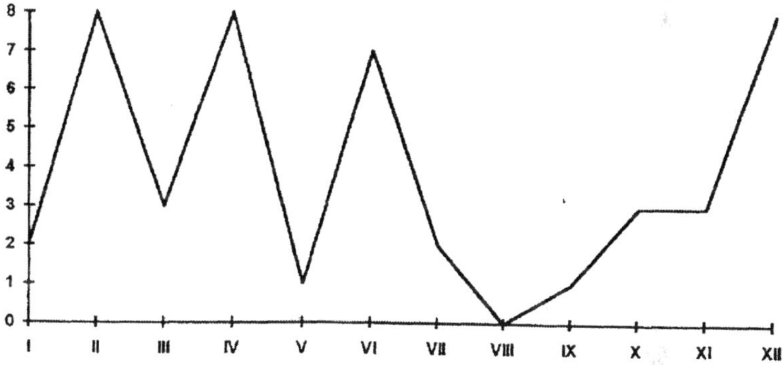

Ce graphique montre une fréquence irrégulière de l'activité juridictionnelle. L'auteur estime que les deux premiers pics correspondent à l'apparition en Suisse des premiers mouvements de dissidence chrétienne principalement d'origine anglo-saxonne. Le troisième marque l'arrivée de groupes athéistes d'une part, et de nouveaux types d'écoles de pensée plus axées sur le surnaturel et le magique d'autre part. Quant à la dernière phase, amorcée au début des années 70, elle indique une forte recrudescence du phénomène après le calme de l'après-guerre. En outre, Marco Borghi estime que les trois premiers pics correspondent, dans la plupart des cas, à trois différentes formes de prosélytisme en public, à savoir la

3. M. Borghi, « L'État de droit face aux sectes », dans *Sectes et occultisme, aspects criminologiques*, Verlag Rüegger, Zürich, 1996.

4. M. Borghi, *op.cit.*, Verlag Rüegger, Zürich, 1996.

manière de se présenter des Salutistes, le colportage de brochures et l'activité de la secte des Enfants de la Bible. L'intérêt se porte ensuite sur l'explication de l'évolution du dernier pic. Celle-ci révèle un phénomène plus général représenté par le développement de la reconnaissance des droits fondamentaux en tant que droits individuels, ce qui va de pair avec une extension progressive de la titularité de ces droits et, en dernier lieu, une prise de conscience individuelle de cette titularité. Dès lors, ces jugements concernent plutôt des revendications subjectives face à l'État, notamment en ce qui concerne la dispense d'obligations civiques.

Arrêts du Tribunal fédéral durant les décennies 1974-1994

Groupe concerné	**Nombre d'arrêts**
Armée du Salut	9
Christian Science Society Mouvement de guérison sprituelle	7
Association des Étudiants de la Bible Communauté musulmane	4
Mormons Communauté israélite	3
Adventistes Église néo-apostolique Méthodistes La Mission libre *Weltweite Kirche Gottes*	2
Divine Light Zentrum Moon Scientologie *Gemeinschaft des heiligen Werkes* Jean-Michel et son équipe Sikhs	1
TOTAL	**53**

On remarque donc bien que cette jurisprudence fédérale n'est pas un élément de répression des groupes sectaires, mais plutôt de limitation de leur influence. Seul l'arrêt concernant le groupe de « Jean-Michel et son équipe » [5] fait l'objet d'une condamnation pour escroquerie. Pour le reste, le Tribunal fédéral se fonde principalement sur les principes d'intérêt public, et plus particulièrement de proportionnalité lorsqu'il s'agit de traiter des cas relevant de la liberté de religion en rapport avec les sectes.

De plus, la jurisprudence fédérale de ces dernières années montre que les arrêts rendus sont surtout le fruit de plaintes et de recours déposés par les groupements sectaires, notamment à l'encontre d'ouvrages [6] et d'émissions télévisées [7] leur ayant porté atteinte. Il n'est absolument pas question de lutter contre les atteintes de types physiques ou psychiques dont sont victimes les adeptes de certaines sectes. L'attitude des autorités fédérales peut donc logiquement être qualifiée de retenue. Il faut tout de même préciser que ce sont avant tout les cantons qui sont compétents pour les questions religieuses et les rapports Église-État, ce qui, aux yeux du Conseil fédéral, rend inutile l'élaboration d'une politique spécifique en matière de sectes [8].

De par cette compétence allouée aux cantons, on assiste à une attitude très variée à l'égard des groupes sectaires. Le canton de Genève est très actif, comme on l'a vu dans l'audit sur les dérives sectaires de 1997. D'ailleurs, le Grand Conseil travaille sur deux projets de loi, l'un visant à séparer les activités commerciales et religieuses, et l'autre voulant modifier la procédure pénale en améliorant la situation des victimes de dérives sectaires. Mais d'un point de vue plus global, les cantons romands, Berne et le Tessin ont constitué un groupe de travail qui devrait déboucher sur la création d'un Centre d'information sur les croyances. Ce centre est destiné à récolter

5. Jurisprudence du Tribunal fédéral, *ATF 106 Ia 26*.

6. Jurisprudence du Tribunal fédéral, *ATF 118 II 369*.

7. Jurisprudence des autorités administratives de la Confédération, *JAAC-VPB-60-23*.

8. Rapport à l'intention du Département fédéral de Justice et Police, *La Scientologie et les sectes en Suisse*, Département fédéral de Justice et Police, Berne, 2000.

des informations pour mieux renseigner la population et les organismes publics.

Pour en revenir à l'activité juridictionnelle de ces dernière années, on notera la forte activité de la Scientologie. En effet, suite à plusieurs expositions en Suisse, ce groupe sectaire érigé en Église s'est récemment vu restreindre l'utilisation du domaine public. Le Tribunal fédéral a en effet jugé que les décisions prises en première instance par les villes de Bâle et Zürich pour limiter la publicité du groupe sur la voie publique étaient justifiées [9]. La ville de Lausanne a également pris des mesures contre les méthodes de vente des scientologues. En outre, le Tribunal fédéral a rejeté deux recours de la secte qui visaient, pour l'un, à supprimer la diffusion d'un article par les éditions du Reader's digest [10] et, pour l'autre, d'annuler une décision d'apport financier de l'État de Zürich à une organisation de renseignement sur les sectes [11]. En outre, dans le canton de Lucerne, le Conseil d'État, par décision du 28 septembre 1999, a retiré son autorisation à une école privée, l'institutrice et des représentants de l'école étant membres de l'Église de Scientologie. Par contre, le canton de Zürich s'est montré plus libéral en octroyant une autorisation à une école entretenant des liens étroits avec l'Église de Scientologie.

Les conflits locaux avec l'Église de Scientologie en ce qui concerne l'utilisation du domaine public sont relativement fréquents, mais ne constituent pas des incidents majeurs, comme c'est le cas en France, avec les procès pour escroquerie à Lyon ou Marseille. En Suisse, seul le cas du groupe « Jean-Michel et son équipe » a donné lieu à une condamnation pour ces motifs, et le jugement date de… 1980. Pour être plus exact, on précisera que le canton de Genève fut le théâtre, en 1992, d'une inculpation de quatre scientologues pour escroquerie, extorsion, usure et contrainte à l'encontre d'une personne en état de détresse psychique et de faiblesse. Mais le Procureur ajourna sa décision dans l'attente de l'issue des pourparlers

9. Jurisprudence fédérale, *ATF 125 I 369* (Bâle) et *ATF 126 I 132*.

10. Jurisprudence fédérale, *ATF 118 II 369*.

11. Jurisprudence fédérale, *ATF 118 Ia 46*.

engagés entre les parties. La procédure fut classée en février 1998 suite au versement d'une indemnité aux plaignants et aux doutes du Procureur général quant au lien de causalité entre l'endoctrinement et le dommage subi. Sur ces entrefaites, les plaignants ont saisi le Tribunal fédéral qui a déclaré le pourvoi en nullité irrecevable [12].

La jurisprudence helvétique est donc fournie, particulièrement en ce qui concerne l'ordre public, mais au niveau de la répression d'actes tels que la manipulation mentale ou l'escroquerie, elle se fait fort discrète voire inexistante. Il est vrai que les craintes suscitées après les drames du milieu des années nonante ont laissé la place à la réflexion et à l'attente, et agir dans l'urgence n'a jamais été une option viable. La Suisse se contente donc de suivre l'évolution du phénomène à travers une observation distante, comme le suggère la police fédérale dans ses recommandations au Département fédéral de justice et police : « Il faut continuer, par l'entremise de la Police fédérale, à s'informer sur les événements et développements concernant les sectes à partir de sources publiques, tout en prenant en compte les renseignements d'autres pays européens (notamment ceux des services d'information). Il faut confier à la Police fédérale, ou à l'autorité compétente en matière de protection préventive de l'État, la tâche de procéder à une nouvelle appréciation de la situation si de nouveaux développements l'imposent. » [13]

Les statistiques associatives

Les chiffres de ce chapitre sont tirés de deux associations suisses, Infosekta et ASDFI (Association Suisse pour la Défense de la Famille et de l'Individu), dont le but est de donner des informations sur les sectes et de fournir une aide aux victimes. Infosekta est une association zurichoise active depuis une dizaine d'années qui fournit annuellement des statistiques

12. Jurisprudence fédérale, *ATF 125 IV 109*.

13. Rapport à l'intention du Département fédéral de Justice et Police, *op. cit.*, Département fédéral de Justice et Police, Berne, 2000.

concernant les demandes dont elle fait l'objet. Il faut préciser que ces demandes concernent la Suisse alémanique et portent sur toute l'activité sectaire, ce qui revient à dire que la dangerosité n'est pas analysable. Cependant, ces chiffres permettent de tirer quelques tendances générales. En préambule, il faut préciser qu'Infosekta se développe continuellement, ce qui lui permet d'affiner ses recherches au fil des ans.

Demandes traitées entre 1991 et 2000 [14]

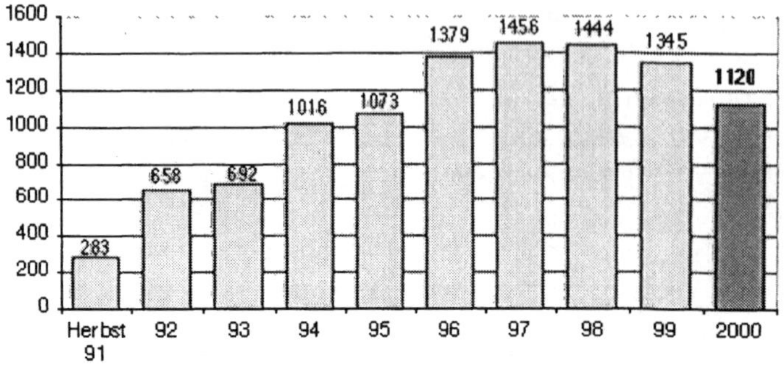

Ce premier histogramme permet de saisir l'évolution des demandes depuis 1991. Il peut se décomposer en trois étapes bien distinctes. Tout d'abord de 1991 à 1995, où les demandes effectuent deux bonds. Le premier s'explique par le démarrage d'Infosekta, et le deuxième par les tragédies de l'Ordre du Temple solaire et d'AUM. La deuxième étape, de 1996 à 1998, démontre la constance des appels en raison de la notoriété qu'a acquise l'association. De plus, il semble que les nouvelles tragédies de 1997 n'influent guère sur les demandes. On peut raisonnablement penser que la population banalise ces drames qui ne sont plus autant médiatisés que les premiers cités. En outre, les individus paraissent se tourner vers des

14. Infosekta, *Rapport d'activité 2000*, Infosekta, Zürich, 2001.

préoccupations plus personnelles ; les demandes sont plus ciblées. La troisième phase, à partir de 1999 démontre bien ce recul de l'inquiétude avec une baisse significative des demandes, particulièrement en 2000.

Les chiffres de l'ASDFI, qui travaille sur la base des appels reçus en Suisse romande, présentent la même courbe générale, avec une tendance nettement plus marquée à la baisse pour l'année 2000. En effet, la diminution des appels se monte à plus de 40 % [15] par rapport à 1999, alors que pour Infoskta, la baisse est de 17%. Certes, cette différence est conséquente en terme de chiffres, mais relative au niveau des explications. En effet, la diminution plus lente marquée en Suisse alémanique est principalement due aux événements locaux qui n'ont guère touché la partie francophone du pays (procès d'Uriella, gourou de la secte Fiat Lux). Il ne serait pas surprenant de constater une nouvelle augmentation des demandes en Suisse romande pour l'année 2001, suite au jugement de Michel Tabachnik à Grenoble.

Le tableau suivant montre le fond doctrinal des groupes concernés par les demandes. L'évolution des groupes « chrétien » et « ésotérique » est intéressante, dans la mesure où elle montre clairement le souci de la population quant aux événements du moment. En effet, les tragédies de l'Ordre du Temple solaire entre 1994 et 1997 ont fait augmenter de manière substantielle les demandes au sujet des sectes à fond ésotérique. De même la fin du millénaire a permis aux groupes chrétiens de refaire surface avec les thèmes apocalyptiques. En outre, on remarque que, durant ces dix dernières années, les groupes « chrétien », « séculaire » et « ésotérique » tendaient à se partager les demandes de manière plus ou moins équivalente, laissant les groupes « hindouiste » et « autres » largement derrière. D'autre part, il est intéressant de constater le fort recul des mouvements « séculaires » durant l'année 2000. On peut émettre l'hypothèse que les gens recherchent un apport spirituel particulier pour répondre à leurs besoins.

---

15. ASDFI, *Statistiques 2000*, Rolle, 2001.

Fond doctrinal des groupes concernés par les demandes en %[16]

	1996	1997	1998	1999	2000
Chrétien	25	26	28	34	39
Séculaire*	13	21	28	30	18
Ésotérique	50	45	32	25	27
Hindouiste	9	5	4	4	3
Autres	3	3	8	7	13
Total	100	100	100	100	100

* Groupes sans fondement spirituel particulier, avec une offre basée sur la psychologie et la personnalité.

Le tableau de la page suivante sur les sources des appels indique deux tendances : en premier lieu, on remarque que toutes les entités de la famille[17] représentent seulement 25 % des demandes en 1994 et 32 % en 2000, ce qui est plus faible que l'addition des entités « ami », « connaissance » et « collègues » qui représentent 46 % en 1994 et 45 % en 2000. Même si les chiffres tendent à se rapprocher en 2000, cette constatation laisse à penser que la cellule familiale est en perte de vitesse par rapport au cercle plus large des amis et connaissances. On a souvent expliqué le foisonnement des groupes sectaires par la perte des repères sociaux, religieux et politiques. Et ces chiffres démontrent de façon éclatante que la famille n'est plus la base inébranlable qui, jadis, permettait de préserver les siens. Le deuxième intérêt de ce tableau est constitué par l'entité « organisme », qui prend de plus en plus d'essor au fil des années. Ceci démontre que les organisations sociales ont pris conscience du phénomène sectaire et qu'elles ont la volonté d'informer et de prévenir la population.

16. Chiffres tirés des travaux de l'association Infosekta.

17. Parent + enfant + frère et sœur + famille.

Référence du contact téléphonique par rapport à la personne concernée en %[18]

	1994	1995	1998	1999	2000
Parent	12.5	15.0	16.7	18.0	16.9
Enfant	7.0	-	2.0	-	-
Frère/Sœur	5.8	5.0	6.8	4.1	5.5
Famille	8.0	6.9	7.8	9.3	9.6
Ami	22.5	21.9	18.4	20.5	13.7
Connaissance	23.5	21.0	19.2	18.4	26.9
Collègue	-	4.9	5.7	5.6	4.4
Organisme*	6.7	10.5	14.9	16.0	17.1
Autres (école)	14.0	15.1	8.5	8.1	5.9
Total	100	100	100	100	100

* Organismes de renseignements, de conseil et d'aide.

18. Chiffres tirés des travaux de l'association Infosekta.

Principaux groupes concernés par les demandes en % [19]

	1994	1995	1996	1997	1998	2000
Scientologie	8.3	6.4	7.1	7.5	6.4	5.2
Témoins de Jéhovah	6.2	4.9	4.3	3.6	4.1	3.8
Landmark Education*	18.2	15.0	12.4	11.8	9.4	1.6
Pentcôtistes	7.5	4.8	4.7	2.9	5.6	4.9
VMP	5.8	2.7	2.9	3.4	2.9	4.6
Égliseneo-apostolique	1.5	1	1.5	1.8	1.5	-
Autres	52.5	65.2	67.1	69	70.1	79.9
Total	100	100	100	100	100	100

* La forte proportion Landmark Education est due à la médiatisation des problèmes que le groupe a eus avec Infosekta, notamment à la suite d'un article publié au cours de l'année 1994.

La Scientologie fait l'objet de la majorité des demandes, si l'on excepte le groupe Landmark Education, qui est un cas à part, étant donné ses démêlés judiciaires avec Infosekta et la forte médiatisation qui en a découlé. Mais l'élément le plus important se situe au niveau du nombre d'organisations sectaires au sujet desquelles les gens ont des demandes. En effet, en 2000, la rubrique « autres » était composée de plus de 650 groupes différents. On assiste donc à une multiplication des petites organisations dont il est difficile de connaître les agissements. Par conséquent, il devient extrêmement compliqué de répertorier chaque groupuscule et d'analyser son potentiel de dangerosité.

19. Chiffres tirés des travaux de l'association Infosekta.

6

Les chiffres français

Les données chiffrées sur les sectes sont rares étant donné le peu d'études quantitatives en la matière. Certes, les mouvements sectaires s'efforcent de publier, mais la fiabilité n'est pas garantie. À l'heure actuelle, seule la Commission d'enquête de l'Assemblée nationale de 1995 a pu fournir des statistiques et ainsi dresser une topographie à l'échelle française. L'enquête parlementaire de 1999 a, quant à elle, apporté sa contribution par une analyse financière.

Ampleur du phénomène

L'étude de 1995 donne un excellent éclairage sur le nombre et l'emplacement des sectes. Du point de vue méthodologique, chaque secte répertoriée doit être caractérisée par un ou plusieurs attributs suivants : déstabilisation mentale, exigences financières exorbitantes, rupture avec l'environnement d'origine, atteintes à l'intégrité physique, embrigadement des enfants, discours antisocial, troubles de l'ordre public, démêlés judiciaires, détournements des circuits économiques, infiltration des pouvoirs publics. Ensuite, pour chaque mouvement, une distinction est opérée entre l'organisation « mère » et les différentes filiales ; ces dernières étant soit officielles, antennes locales portant le même nom, soit masquées, sous le couvert d'associations ou de sociétés.

Sectes mères

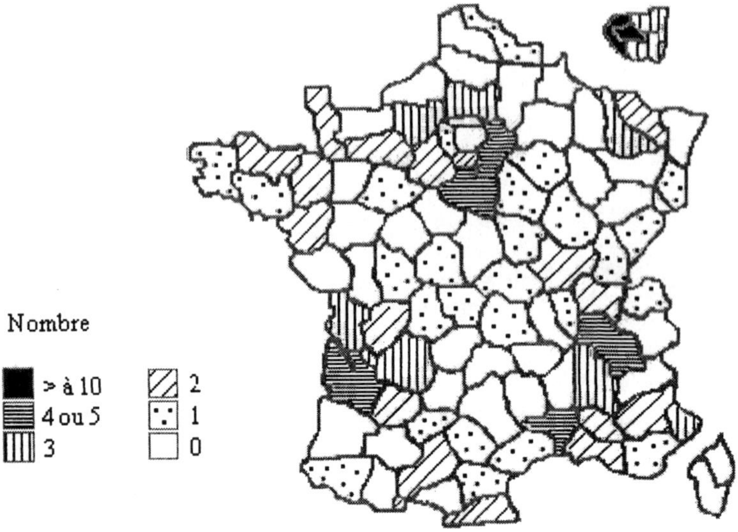

Le nombre de mouvements recensés s'élève à 172 pour les organisations mères. L'inclusion des filiales dans l'étude permet de constater l'existence de plus de 800 satellites [1]. On constate que les sectes mères se regroupent autour de quatre villes, à savoir Paris, Lyon, Bordeaux et Marseille. Le décor ne change pas fondamentalement lorsque l'on insère les filiales, hormis l'apparition d'une nébuleuse autour de Strasbourg. L'insertion sur la carte des Témoins de Jéhovah montre une tendance de ce groupe à s'installer dans les régions fortement industrialisées, à

1. France. Assemblée nationale. Commission d'enquête sur les sectes, *Les Sectes en France*, Assemblée nationale, 1995.

savoir au Nord, dans la région de Lille, ainsi que le long du Rhône.

La localisation est fortement disparate dans l'hexagone, mais ceci est relativement logique si on considère la densité de population des régions touchées par le phénomène. Le centre parisien constitue un terreau inépuisable d'individus cherchant à se soustraire à la grisaille quotidienne. De plus, des éléments liés au travail doivent influer sur le foisonnement des groupes dans certains lieux plutôt que d'autres. Les sectes doivent probablement exploiter un paramètre comme le chômage qui touche principalement les régions du Nord et de la côte d'Azur. Bon nombre d'analyses économiques et sociales pourraient venir enrichir cette topographie sectaire.

Sectes mères + filiales

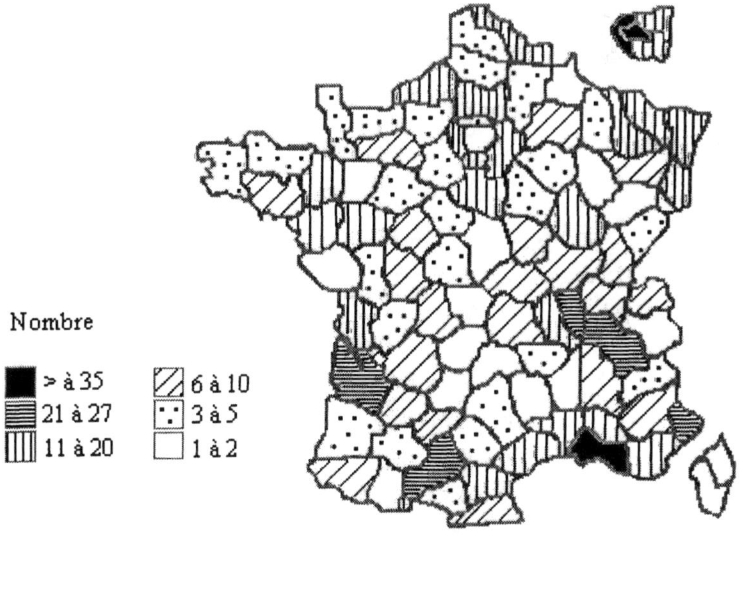

Sectes mères + filiales + Témoins de Jéhovah

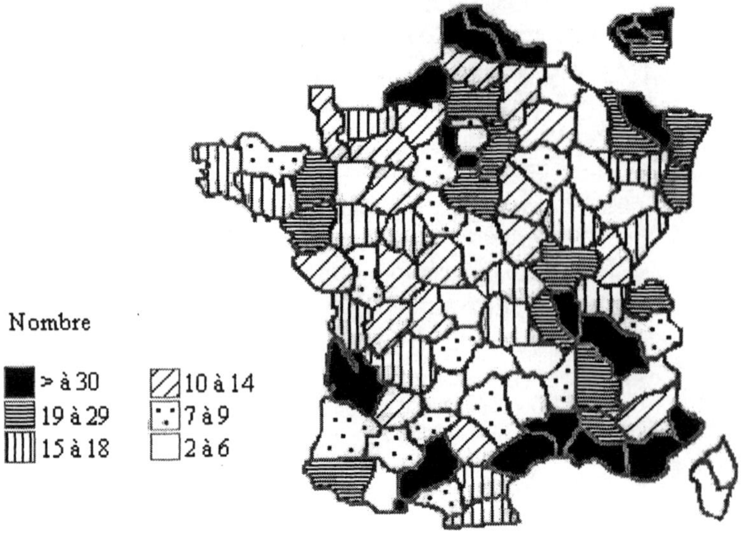

Le rapport estime que la France compte environ 160 000 adeptes (dont 130 000 Témoins de Jéhovah) et 100 000 sympathisants. Il faut noter que 80 % des mouvements comptent moins de 500 adeptes. Les grandes sectes sont donc représentées en petite quantité, mais ce sont elles qui possèdent le plus de facteurs de dangerosité [2]. Par rapport à une étude faite en 1982 (Alain Vivien, *Les Sectes en France*), on dénombre une très forte augmentation des filiales, notamment de type masqué.

D'autres sources de données, fournies par les associations de défense font état d'un phénomène sectaire encore plus étendu. L'UNADFI estime à quelques 120 000 le nombre d'adeptes pour les seules sectes citées ci-dessous, sans les Témoins de Jéhovah, et le nombre de mouvements à 250.

2. France. Assemblée nationale. Commission d'enquête sur les sectes, *op. cit.*, Assemblée nationale, 1995.

Dénombrement des adeptes de sectes en 1995 par l'UNADFI [3]

NOM DE LA SECTE	ADEPTES	
	France	**Monde**
Alliance universelle	1.000	2.000
Antoinistes	2.500	200.000
Communauté des Chrétiens	300	80.000
Église du Christ de Paris	700	
Église du Christ scientiste	800	480 000
Église évangélique de Pentecôte de Besançon	500	
Église néo apostolique	17.700	7.187.000
Église universelle de Dieu	300	100.000
La Famille (ex Enfants de Dieu)	250	12.000
Fraternité blanche universelle	20.000	
Krishna	1.000	80.000
IVI	7.000	
Longo mai	270	
Mahikari-Sukyo Mahikari	15-20.000	500.000
Mandarom ou Chevaliers du Lotus d'or	2.000	
Méditation transcendantale		3.500.000
Moon	500	180.000
Mormons	25.000	8.406.985
Mouvement du Graal	950	9.000
Mouvement parti humaniste	200	
Nouvelle Acropole	10.000	
Raja Yoga	200	
Ram Chadra mission	600	
Raëliens	1.000	20.000
Sahaja Yoga Matapi	200	
Saint Erme	350	
Scientologie	7.000	11.000.000
Sokka Gakkaï + Nicheren Soshu	6.000	17.000.000
TOTAL (approximation)	**125.000**	**50.000.000**

On constate une grande différence entre les chiffres avancés par les deux sources. La première porte l'avantage de la neutralité et de l'objectivité, alors que la seconde est directement confrontée au problème du quotidien et permet

3. France. Assemblée nationale. Commission d'enquête sur les sectes, *op. cit.*, Assemblée nationale, 1995.

ainsi un suivi dans le temps. La vérité se situe entre les deux. Quoiqu'il en soit, le phénomène prend de l'ampleur au fil des années. Une analyse des courants de pensée a également été faite par l'étude de 1995. Sur un total enregistré de 173 sectes, on dénombre :

Courants	Nombre
New Age	49
Orientaliste	19
Guérisseur	18
Occultiste	16
Apocalyptique	15
Évangélique	13
Pseudo-catholique	9
Psychanalytique	9
Syncrétique	9
Ufologique	5
Alternatif	4
Satanique	4
Néo-païen	3

Le New Age est une philosophie qui plaît à beaucoup de groupes sectaires. Cependant, on remarque également qu'il est très prisé par les « petites » sectes ; en effet, dès le moment où on analyse les groupes de plus de 500 adeptes, on remarque que la dominante New Age n'est pas en tête, au contraire des mouvements orientaliste, évangélique et apocalyptique.

L'analyse des types associés permet de montrer la nette prédominance du courant « guérisseur », aussi bien dans les petites que dans les grandes sectes.

Typologie des sectes dont le nombre d'adeptes est supérieur à 500

Nom de la secte	**Type dominant**	**Type associé**
Alliance universelle	Évangélique	Guérisseur
Association des Témoins de Jéhovah	Apocalyptique	Évangélique
Antoinistes	Guérisseur	Syncrétique
Chevaliers du Lotus d'or	Syncrétique	
Église de Scientologie de Paris	Psychanalytique	Guérisseur
Église évangélique de Pentecôte de Besançon	Évangélique	Guérisseur
Église néo-apostolique de France	Évangélique	Guérisseur
Église universelle de Dieu	Apocalyptique	Évangélique
Église universelle du Royaume de Dieu	Guérisseur	Évangélique
Églises du Christ international en France	Apocalyptique	Évangélique
Fraternité blanche universelle	Syncrétique	Guérisseur
Mouvement du Graal en France	Guérisseur	Occultiste
Mouvement Raëlien en français	Ufologique	Guérisseur
Paris Dharma Sah	Orientaliste	Guérisseur
Shri Ram Chandra Mission France	Orientaliste	
Sri Sathya Sai	Guérisseur	Orientaliste
Sokka Gakkai internationale France	Orientaliste	
Université spirituelle des Brahma Kumaris	Apocalyptique	Orientaliste
Sahaja Yoga	Orientaliste	Apocalyptique

Aspect financier

Le rapport parlementaire français de 1999 a directement trait à l'aspect financier des groupes sectaires. Ce poids, parfois considérable, montre l'impact que peut avoir un groupement au niveau des structures économiques, voire politiques. La Commission d'enquête a synthétisé ses données en trois points : l'organisation, le poids financier et le réseau économique. Seuls les deux derniers points seront considérés ici. Par poids financier, la Commission entend les recettes enregistrées par la secte, le montant de l'actif, ainsi que l'estimation de la valeur des biens immobiliers. Le réseau économique a pour but de quantifier le nombre de filiales appartenant à la secte, ainsi que les structures qui, sans être directement contrôlées par la secte, font partie de son réseau par l'intermédiaire d'une ou plusieurs personnes physiques.

Poids financier en millions de FF [4]

Sectes	Recettes	Actif	Biens immob.	Total
Église du Christ	9	-	-	**9**
Fraternité blanche universelle	-	-	30	**30**
Krishna	25	-	10	**35**
Mandarom	11	16	6	**33**
Moon	0.27	-	40	**40.2**
Mouvement Raëlien	0.5	-	3.3	**3.8**
Nouvelle Acropole	4.5	-	10	**14.5**
Rose-Croix – Amorc	30	138	30	**198**
Scientologie	60	-	-	**60**
Sokka Gakkaï	20	240	140	**400**
Témoins de Jéhovah	185	970	860	**2100**

Réseau économique [5]

Sectes	Filiales	Structures autres	Total
Église du Christ	4	-	**4**
Fraternité blanche universelle	8	1	**9**
Krishna	5	-	**5**
Mandarom	6	-	**6**
Moon	4	-	**4**
Mouvement Raëlien	8	9	**17**
Nouvelle Acropole	6	2	**8**
Rose-Croix – AMORC	7	-	**7**
Scientologie	85	29	**114**
Sokka Gakkaï	8	2	**10**
Témoins de Jéhovah	2	3	**5**

N.B. Les - représentent des données non disponibles ou non communiquées.

4. France. Assemblée nationale. Commission d'enquête sur la situation financière, patrimoniale et fiscale des sectes, *Les Sectes et l'argent*, Assemblée nationale, 1999.

5. France. Assemblée nationale. Commission d'enquête sur la situation financière, patrimoniale et fiscale des sectes, *op. cit.*, Assemblée nationale, 1999.

Le manque de données concernant certains groupes empêche d'avoir une vue détaillée des réels pouvoirs financiers. Cependant, on peut constater deux choses. Tout d'abord, les empires créés par la Sokka Gakkaï et les Témoins de Jéhovah sont impressionnants. Ceci est accentué par le fait que ces chiffres ne concernent que la France ! Ensuite, le nombre élevé des filiales et structures de la Scientologie démontre l'imbrication de ce mouvement dans la vie sociale française et, par conséquent, la difficulté de toute poursuite judiciaire.

Cet apport financier de l'exemple français démontre l'intérêt de l'analyse des groupes sectaires. Ils représentent un poids considérable dans la société et peuvent ainsi jouer un rôle important en tant qu'acteur politique. Le cas de la Sokka Gakkaï au Japon représente l'exemple type de cette évolution.

Les infractions pénales

Le rapport de la Commission d'enquête parlementaire de 1999 a examiné les infractions économiques et financières relevées à l'encontre de mouvements sectaires. Il stipule que ces infractions sont courantes mais souvent impunies en raison de la difficulté d'utilisation de l'arsenal juridique. Cette analyse fournit un indice incontestable du caractère frauduleux des manœuvres qui se déploient au sein des sectes. L'évolution est inquiétante, parce que croissante. En effet, au 1er février 1999, on a recensé 182 procédures pénales engagées, contre 134 en 1997. Entre le 1er mai 1998 et le 1er février 1999, 30 nouvelles procédures pénales ont été répertoriées. La grande partie de ces procédures concerne des infractions de nature économique et financière, traduisant ainsi le rôle grandissant que joue l'argent dans la délinquance sectaire. Cette optique rejoint l'idée d'une dérivation du phénomène sectaire vers le crime organisé.

En date de remise du rapport, la Scientologie s'est vue condamnée à 7 reprises, Krishna à 2 reprises, le Mandarom et Moon 1 fois. Le tableau suivant montre les procédures pénales et les différents chefs d'accusation en cours en 1999 pour les dix-neuf organisations les plus importantes [6]. Pour des raisons de secret de l'instruction, le nom des différentes sectes, le service chargé de la procédure, ainsi que les faits sur lesquels portent les enquêtes, ne sont pas mentionnés.

Outre les différentes accusations en matière financière, on remarque que l'abus illégal de la médecine ou de la pharmacie ressort à 7 reprises. Ceci tend à corroborer les statistiques précédentes à propos du type associé « guérisseur », fortement représenté dans les groupes mentionnés. En comparant les différentes statistiques, on se rend compte que plus la secte a de pouvoir financier, plus elle commet des infractions nombreuses et diverses. La puissance acquise « légitime » l'infraction, et de toute façon, les petites amendes infligées ne sont pas de nature à déstabiliser l'empire créé.

Nombre de procédures en cours par secte	**Chefs d'infraction envisagés**
10	Diffusion de tracts sur la voie publique. Exercice illégal de la médecine. Escroquerie. Publicité mensongère. Extorsion de fonds. Recel aggravé. Vol. Importation de médicaments sans autorisation sur le marché. Importation de produits interdits à la consommation. Abus de biens sociaux. Travail dissimulé. Abus de confiance. Fonctionnement d'une association.
4	Dons argent. Trafic d'influence. Corruption. Infraction à la loi du 19/01/95 sur le financement des partis politiques. Abus de faiblesse. Abus de confiance. Vol.
3	Infractions à l'article 1 de la loi du 5/11/53. Emploi de travailleurs clandestins. Abus de biens sociaux. Faux et usage. Complicité et recel.
3	Infractions aux règles de l'urbanisme. Complicité. Ingérence. Délit d'octroi d'avantages injustifiés. Corruption. Recel. Escroquerie. Abus de confiance. Abus de faiblesse.

6. France. Assemblée nationale. Commission d'enquête sur la situation financière, patrimoniale et fiscale des sectes, *op. cit.*, Assemblée nationale, 1999.

Nombre de procédures en cours par secte	**Chefs d'infraction envisagés**
2	Exercice illégal de la médecine. Abus de faiblesse.
2	Exercice illégal de la médecine. Escroquerie. Complicité.
1	Exercice illégal de la médecine.
1	Exercice illégal de la pharmacie. Publicité mensongère pour les produits.
1	Blanchiment. Travail illégal, gérance de fait et perception frauduleuse d'indemnités.
1	Trafic de médicaments.
1	Exercice illégal de la pharmacie.
1	Publicité mensongère.
1	Exercice illégal de la médecine. Obtention, en abusant de la dépendance de personnes, de services non rétribués ou en échange d'une rétribution sans rapport avec l'importance du travail accompli.
1	Recel commis de façon habituelle ou en bande organisée. Associations de malfaiteurs.
1	Blanchiment.
1	Escroquerie.
1	Infractions au code du travail.
1	Fonctionnement d'une association.

Les infractions contre l'intégrité physique ou psychique n'ont pas fait l'œuvre d'une recherche comme celle-ci, il n'en demeure pas moins que ce genre d'actes répréhensibles est monnaie courante dans le monde sectaire. Certaines sectes ont même franchi le seuil critique en n'hésitant pas à plonger leurs adeptes dans la mort.

Les grandes tragédies

Secte	Lieu	Date	Victimes
Temple du Peuple	Jonestown (Guyana)	18 novembre 1978	912 morts
Datu Mangayanon	Mondano (USA)	19 septembre 1985	60 morts
Amis de la Vérité	Wakayana (Japon)	1er novembre 1986	7 morts
Park Soonba	Séoul (Corée)	28 août 1987	32 morts
Davidiens	Waco (USA)	19 avril 1993	88 morts
Ordre du Temple solaire	Morin Heigts (Canada), Chéry et Salvan (Suisse)	4 et 5 octobre 1994	53 morts
Aum Sihinrikyo	Tokyo (Japon)	20 mars 1995	11 morts et 5000 blessés
Ordre du Temple solaire	Saint-Pierre-de-Chérennes (France)	22 mars 1995	15 morts
Ordre du Temple solaire	Saint-Casimir (Canada)	22 mars 1997	5 morts
Porte du Paradis	San Diego (USA)	26 mars 1997	39 morts
Rétablissement des dix commandements de Dieu	Ouganda	19 mars 2000	800 morts

Tous ces massacres, et notamment ceux perpétrés par l'Ordre du Temple solaire, ont profondément choqué l'opinion et engendré une vague de protestation antisectaire peu objective. Sans minimiser ces tragédies, il faut tout de même reconnaître que ces issues fatales représentent l'exception. Dès lors, il ne faut pas se lancer dans le faux débat des sectes tueuses, mais s'appliquer à reconnaître les mouvements qui portent atteinte aux libertés fondamentales des individus. En se référant à l'analyse faite ici, il est beaucoup plus important de s'intéresser au foisonnement des groupes sectaires, ainsi qu'à leur montée en puissance au niveau financier. Ce sont de véritables empires qui se créent, sur fond d'escroquerie et de manipulation.

Conclusion

Terminer cette recherche par la simple énumération des tragédies dont sont responsables les groupes sectaires ou encore la stupéfaction de voir des empires gigantesques se créer sur le dos de la population par des techniques manipulatrices serait un signe de pessimisme, voire de résignation. Certes, le phénomène a de l'ampleur, possède une dimension qu'on méconnaît encore dans beaucoup de milieux, mais garder l'espoir en luttant pour que justice soit faite doit guider nos paroles et nos gestes. Depuis des millénaires, le monde a traversé de nombreuses épreuves et à chaque fois, il s'en est sorti. Le tout est de savoir comment réagir, à quel moment et avec quels instruments. Le thème des sectes préoccupe parce qu'il est difficilement maîtrisable ; il fait référence à une dynamique complexe basée sur l'individu et ses relations avec son environnement, le tout baignant dans une structure sociale aux contours évoluant constamment. Par conséquent, l'analyse est très délicate parce qu'elle se fige sur un état à un moment donné et ne permet pas de saisir l'évolution du concept sur la durée.

Depuis les drames de la première moitié des années 90, le monde des sectes a beaucoup changé alors que l'opinion publique est restée la même, sensible et manichéenne. La population assimile les sectes au crime, au suicide, à des actes extrêmes, alors que ce n'est qu'une infime partie de l'édifice.

Certes, l'étude de ces actes peut apporter un éclairage sur les circonstances, les raisons, les mobiles du crime, mais en aucun cas permettre une analyse approfondie des structures, des manipulations, des escroqueries et autres abus de confiance. L'évolution récente des groupes à vocation spirituelle montre un changement : les sectes adoptent des systèmes en toile d'araignée ressemblant de plus en plus aux organisations de type mafieux. Les enjeux et les moyens de pression sont essentiellement financiers et la recherche du gain se fait sur un multitude de terrains, légaux ou illégaux. En reprenant les chiffres mentionnés au chapitre précédent, on note le nombre impressionnant de filiales que possède la Scientologie en France. Ceci démontre cette emprise tentaculaire sur la société, cette ombre permanente qui fait penser, de l'une ou l'autre manière, au crime organisé.

Dans cette optique, la criminologie se doit de consacrer une partie de ses investigations à l'analyse des groupes sectaires. Il est vital d'élaborer une sorte de catalogue des mouvements dangereux sur la base d'indices de dangerosité, comme l'a fait la Commission d'enquête de l'Assemblée nationale française en 1995. En Suisse, une collaboration avec l'Office fédéral de la Statistique pour recueillir des données sur la population et la mise au point d'un sondage de victimisation incluant des questions sur l'appartenance à un certain type d'organisation ou d'association donnerait la possibilité de travailler sur un support quantitatif. Dès lors, on pourrait faire correspondre les victimes d'infractions à la fréquentation d'un mouvement ou d'une filiale sectaire. Pour rendre ce travail efficient, il faudrait également faire un effort dans la collecte de données au niveau des statistiques policières ou judiciaires. Malheureusement, le problème de la Suisse réside dans sa structure fédéraliste qui donne la liberté aux cantons en la matière, ce qui empêche d'avoir une unité de doctrine au niveau national. La charge est énorme, car en plus de l'adaptation des instruments de recherche, les facettes multiples du phénomène sectaire rendent son approche fort complexe. Les délits se classent à différents niveaux, allant de l'abus de confiance aux atteintes à l'intégrité physique et psychique, en passant par l'escroquerie et l'exercice illégal de la médecine. Mais en matière de lois, la Suisse est bien fournie et seules quelques adaptations sont de rigueur, principalement en ce qui concerne la manipulation mentale et l'abus de faiblesse. L'appareil juridique est là, mais on ne s'en sert pas… ; la prise de position des politiques est encore invisible à l'heure où la société est incapable de canaliser ce nouveau type de criminalité.

La manière dont les États européens traitent les « affaires » sectaires se divise en deux catégories bien distinctes, à savoir les répressifs et les indécis. Pourtant, à l'origine, tous étaient d'accord pour se lancer dans une lutte sans condition contre ce genre de criminalité. La sensibilité suscitée au lendemain des drames précédemment cités était extrême, presque empreinte d'humanité, tant le choc était violent. Pour beaucoup de pays, cette prise de conscience n'a survécu que le temps des pleurs, mais pas au-delà. Il est clair que ces actes épisodiques ne représentent en rien le phénomène dans son ensemble ; cependant, profiter de l'onde de choc pour lancer une réelle discussion n'avait rien d'irréfléchi. La France, l'Allemagne, la Belgique ont saisi la balle au bond pour mener une véritable chasse aux groupements sectaires. Le résultat est aujourd'hui perceptible, avec une adaptation des systèmes juridiques et des condamnations de plus en plus nombreuses. Cependant, en restant critique, peut-on raisonnablement estimer que tout ce travail a abouti à des résultats probants ? En l'état, on peut sans retenue répondre par la négative. Il y a à cela deux raisons principales : tout d'abord, les mouvements sont extrêmement bien structurés, ce qui leur donne la possibilité d'esquiver bon nombre de coups portés par la justice ; en second lieu, étant donné le caractère multinational des groupes, une répression efficace passe par l'harmonisation des politiques entre les différents États européens, ce qui est loin d'être le cas. Dès lors, faut-il se résigner et accepter que des entités pseudo-spirituelles s'enrichissent sur le dos des citoyens ? Inutile de répondre à une telle question lorsqu'on se fait un point d'honneur à défendre l'idéal de justice.

Les chiffres sont éloquents, les mouvements sectaires pullulent et deviennent des substituts de choix aux biens de consommation traditionnels. L'incertitude liée aux conditions de vie actuelles provoque un besoin de stabilité, et la multiplicité des choix pousse à la recherche d'issues simples et fabriquées. Dire que la liberté est mal vécue est un constat terrible, mais très révélateur d'une structure sociale qui n'arrive pas juguler les ardeurs de ses diverses entités. L'idée inacceptable d'une autorité à la main de fer, restreignant tout ce qui fait notre système démocratique constituerait une solution à cette crise. Annihiler le libre arbitre pour empêcher la réflexion…, n'est-ce pas là la technique des groupes sectaires ? Lorsque le catholicisme imposait son dictat religieux, il n'y avait pas la place pour d'autres formes de pensée, sous peine de se voir châtier. On ne veut tout de même pas en arriver à de telles extrêmités ! C'est pourquoi la classe dirigeante est investie d'une mission de maintien de l'ordre, laissant à sa population une grande marge de liberté et insufflant des mesures restrictives à petites doses. Et la lutte contre les dérives sectaires en fait partie.

Bibliographie

Ouvrages généraux

Abgrall J.-M., *La Mécanique des sectes*, Payot, 1996.

Abgrall J.-M., *Les Sectes de l'apocalypse: gourous de l'an 2000*, Calmann-Lévy, 2000.

Abgrall J.-M., *Martin et le gourou*, Magnard Jeunesse, 2001.

Ariès P., *Anthroposophie. Enquête sur un pouvoir occulte*, Éditions Golias, 2001.

Ariès P., *Le Retour du diable : satanisme, exorcisme, extrême-droite*, Éditions Golias, 1997.

Ariès P., *Les Sectes à l'assaut de la santé*, Éditions Golias, 2000.

Ariès P., Vivien A., *La Scientologie : une secte contre la République*, Éditions Golias, 1999.

Assan M., *Les Sectes à l'assaut de la France*, Hermé, 1992.

Baffoy T., Delestre A., Sauzet J.-P., *Les Naufragés de l'esprit: des sectes dans l'Église catholique*, Éditions du Seuil, 1996.

Bedat A., Bouleau G., Nicolas B., *L'Ordre du Temple Solaire : les secrets d'une manipulation*, Flammarion, 2000.

Bedat A., Bouleau G., Nicolas B., *Les Chevaliers de la mort*, Éditions TF1, 1996.

Bentham J., *Traité de législation civile et pénale*, Bossange : Masson et Besson, 1802.

Borghi M., « L'État de droit face aux sectes », dans *Sectes et occultisme, aspects criminologiques*, Verlag Rüegger, Zürich, 1996.

Bourderlique M., *Comprendre l'action des sectes : réagir face aux sectes*, Chronique sociale, 1996.

Bourderlique M., *Les Groupes totalitaires : les méthodes d'endoctrinement*, Chronique sociale, 1998.

Bourderlique M., *Les Manipulations mentales*, Chronique sociale, 1990.

Bourderlique M., *Les Sectes, mangeuses d'hommes : comprendre le phénomène totalitaire*, L'Archer, 1999.

Bourderlique M., *Sectes : les manipulations mentales*, 3ème édition, Chronique sociale, 1996.

Bourre J.-P., *Les Profanateurs*, Éditions Le Comptoir, 1997.

Campiche R.-J., *Quand les sectes affolent*, Labor et Fidès, 1995.

Campiche R.-J., *Sectes, médias, fin des temps*, Institut d'éthique sociale de la FEPS, Lausanne, 1999.

Campos E., *Sectes et millénarisme, dérives suicidaires et meutrières*, Collection Mosaïque, MNH / Anthropos, 2000.

Casoni D., « Les Sectes : de la promesse du paradis à l'expérience de l'enfer », dans *Sectes et occultisme, aspects criminologiques*, Verlag Rüegger, Zürich, 1996.

Cassegrain Y., *Les Sectes : guide pour aider les victimes*, Éditions l'Essentiel, Montréal, 1996.

Centre de documentation, d'éducation et d'action contre les manipulations mentales Roger Ikor, *Les Sectes, état d'urgence : mieux les connaître, mieux s'en défendre en France et dans le monde*, Albin Michel, 1995.

Champion F., Cohen M., *Sectes et démocratie*, Éditions du Seuil, 1999.

Corti N., *Les Sectes en Suisse : entre droit pénal et liberté religieuse*, In Plädoyer, St-Gall, 1997.

Cotta J., *Dans le secret des sectes*, Flammarion, 1992.

Cusson M., *Criminologie actuelle*, Collection sociologies, PUF, 1998.

Dagon G., *Les Sectes à visage découvert*, volume 1, Éditions Barnabas, 1995.

Darcondo J., *La Pieuvre scientologique*, Fayard, 1998.

De Saussure T., *Les Miroirs du fanatisme*, Labor et Fidès, 1996.

Delaporte C., ADFI-Nord, *Témoins de Jéhovah : les victimes parlent*, Fayard, 1998.

Delhez C., Denaux A., *Églises « sectes »*, Fidélité, Namur, 1999.

Drogou A., *Le Dico des sectes*, Toulouse : Milan, cop., 1998.

El Mountacir H., *Les Enfants des sectes*, Fayard 1994.

Epailly D., *Les Sectes et le droit familial*, L'Harmattan, 2000.

Fenech G., *Face aux sectes : politique, justice, État*, PUF, 1999.

Festinger L., Riecken H., Sachter S., *Échec d'une prophétie*, PUF, 1993.

Fillaire B., *Le Grand décervelage : enquête pour combattre les sectes*, Plon, 1993.

Fillaire B., *Les Sectes*, Flammarion, 1994.

Fillaire B., *Un Bonheur mortel : racisme, inflitration...*, Stock, 1996.

Fournier A., *La Dérive sectaire*, PUF, 1999.

Gest A., *Les Sectes en France*, P. Banon, 1996.

Gest A., *Sectes : une affaire d'État*, L'Archer, 1999.

Gonnet R., *La Secte : secte armée pour la guerre : chronique d'une « religion » commerciale à irresponsabilité illimitée*, Alban, 1998.

Haarscher G., *La Laïcité*, PUF, 1996.

Hassan S., *Protégez-vous contre les sectes*, Éditions du Rocher, 1995.

Hong N., *L'Ombre de Moon*, Éditions 1, 1998.

Huguenin T., *Le 54ème*, Fixot, 1995.

Institut du Fédéralisme, *Les Églises et le fédéralisme*, Institut du Fédéralisme, Fribourg, 1990.

Introvigne M., *Pour en finir avec les sectes : le débat sur le rapport de la commission parlementaire*, Devry, 1996.

Joly M.-F., *Pour sauver ma fille*, PUF, 2000.

Joule R.-V., Bauvois J.-L., *Petit traité de manipulation à l'usage des honnêtes gens*, Presses universitaires de Grenoble, 1987.

Kaplan D.-E., *AUM : le culte de la fin du monde : l'incroyable histoire de la secte japonaise*, Albin Michel, 1996.

Killias M., *Précis de criminologie*, Éditions Staempfli & Cie SA, Berne, 1991.

Klosinski G., *Sectes : alerte aux parents*, Brepols, 1997.

Lacroix M., *L'Idéologie du New Age*, Flammarion, 1996.

Lacroix M., *Le Développement personnel*, Flammarion, 2000.

Leloup J.-Y., *Sectes, églises, religions : de l'égarement au discernement*, Le Fennec, 1996.

Luca N., *Sectes : mensonges et idéaux*, Bayard, 1998.

Majax G., *Gare aux gourous : les trucs des sectes*, Arléa, 1996.

Marhic R., *Enquête sur les extrémistes de l'Occulte II*, L'Horizon Chimérique, 1996.

Marhic R., *Enquête sur les extrémistes de l'Occulte*, L'Horizon Chimérique, 1995.

Marhic R., *Sectes et mouvements initiatiques en Bretagne : du celtisme au Nouvel Âge*, Éditions Terre de Brume, 1996.

MarhicR., *Voyage au bout de la secte*, Buchet / Chastel, 1998.

Mayer J.-F., *Confessions d'un chasseur de sectes*, Éditions du Cerf, 1990.

Mayer J.-F., *Les Sectes et vous : petit manuel d'information pratique*, Éditions St-Paul, Fribourg, 1989.

Messner F., *Les « Sectes » et le droit en France*, PUF, 1999.

Milgram S., *Soumission à l'autorité*, Calmann-Lévy, 1974.

Miller R., *Ron Hubbard le gourou démasqué*, Plon, 1993.

Morin J.-P., « Les Sectes et la loi », dans *Sectes et occultisme, aspects criminologiques*, Verlag Rüegger, Zürich, 1996.

Ogien A., *Sociologie de la déviance*, Armand Colin, 1999.

Pasquini X., *Les Sectes : un mal profond de civilisation*, J. Grancher, 1993.

Pignier F., *Sectes : la loi vous protège, servez-vous de la loi*, Centre de documentation, d'éducation et d'action contre les manipulations mentales Roger Ikor, 1998.

Pizzo S., *Les Petits soldats du Christ*, Éditions Desclée Brouwler, 2001.

Roncaglia F., *Mandarom : une victime témoigne*, Éditions TF1, 1995.

Roy J.-Y., *Le Syndrome du berger*, Boréal, Québec, 1999.

Schlegel J.-L., *Religions à la carte*, Hachette, 1995.

Schlesser-Gamelin L., *Le Langage des sectes : déjouer les pièges*, Éditions Salvator, 1999.

Sillamy N., *Dictionnaire de psychologie*, Larousse, 1997.

Solet B., *L'Année du diable*, Syros Jeunesse, 2000.

Sonnier J.-M., *Itinéraire initiatique*, Droguet et Ardant, 1991.

Stucki J.-P., *Sectes: des paradis totalitaires ?*, Desmaret, 2000.

Tokatlian T., *Esclaves du 20ème siècle : les enfants dans les sectes*, J. Grancher, 1995.

Troeltsch E., *Histoire des religions et destin de la théologie*, Éditions du Cerf, 1996.

Vernette J., *Dictionnaire des groupes religieux aujourd'hui : religions, églises, sectes, nouveaux mouvements religieux, mouvements spiritualistes*, 2ème édition corrigée, PUF, 1996.

Vernette J., *Jésus au péril des sectes : ésotérisme, gnose et nouvelle religiosité*, Desclée, 1994.

Vernette J., *Les Sectes*, PUF, Que sais-je, 1996.

Vernette J., Moncelon C., *Les Nouvelles thérapies : mieux vivre et guérir autrement*, Presses de la Renaissance, 1999.

Vernette J., *Sectes, que dire ? Que faire ?*, PUF, 1994.

Vidal J., *Dictionnaire des religions*, PUF, 1984.

Weber M., *L'Éthique protestante et l'esprit du capitalisme*, suivi de *Les Sectes protestantes et l'esprit du capitalisme*, Loisir, 1991.

Rapports, articles, dossiers

Assemblée parlementaire du Conseil de l'Europe, *Déclaration écrite du 26 avril 2001 sur la Liberté religieuse et les minorités religieuses en France*, Conseil de l'Europe, 2001.

Association Infoskta, *Rapport d'activité 1994*, Infosekta, Zürich, 1995.

Association Infoskta, *Rapport d'activité 1995*, Infosekta, Zürich, 1996.

Association Infoskta, *Rapport d'activité 2000*, Infosekta, Zürich, 2001.

Association Suisse pour la Défense de la Famille et de l'Individu (ASDFI), *Statistiques 2000*, Rolle, 2001.

France. Assemblée nationale, Commission d'enquête sur les sectes, *Les Sectes en France*, Assemblée nationale, 1995.

France. Assemblée nationale. Commission d'enquête sur la situation financière, patrimoniale et fiscale des sectes, *Les Sectes et l'argent*, Assemblée nationale, 1999.

France. Assemblée nationale. Commission des lois constitutionnelles, de la législation et de l'administration générale de la République, *Rapport sur des propositions de loi*, Assemblée nationale, 2000.

Journal des psychologues, *Les Sectes : un danger pour la profession*, février 2000.

Le Monde diplomatique, *De la manipulation mentale à la sectes globale*, août 2000.

Loi n°2001-504 du 12 juin 2001 tendant à renforcer la prévention et la répression des mouvements sectaires portant atteinte aux droits de l'homme et aux libertés fondamentales.

Mission interministérielle de lutte contre les sectes, *Rapport*, MILS, 2000.

Parlement européen, *Les Sectes en Europe*, Direction générale d'Études, 1996.

Police fédérale, *Rapport sur la protection de l'État 1999*, Berne, 2000.

Ramseyer G., Stettler M., Harari M., dans *Audit sur les dérives sectaires / rapport d'experts genevois au Département de Justice et Police et des Transports du Canton de Genève*, S. Hurter, Genève, 1997.

Rapport à l'intention du Département fédéral de Justice et Police, *La Scientologie et les sectes en Suisse*, Département fédéral de Justice et Police, Berne, 2000.

Rapport de la Commission de gestion du Conseil National, *« Sectes » et mouvements endoctrinants en Suisse. La nécessité de l'action de l'État ou : vers une politique fédérale en matière de « sectes »*, Berne, 1999.

Recueil systématique (RS) de la jurisprudence fédérale suisse.

Vivien A., *Les Sectes en France*, La documentation française, 1985.

Adresses et sites internet

Observatoire des religions en Suisse
Université de Lausanne, BFSH 2, CH-1015 Lausanne
Tél. +41 21 692 27 02
Observatoire.religions@obsrel.unil.ch

Association Suisse pour la Défense de la Famille et de l'Individu (ASDFI)
CP 2009
CH-1002 Lausanne
Tél. +41 21 788 11 10

Association Infosekta
Postfach
CH-8055 Zürich
Tél. +41 1 454 80 80
www.infosekta.ch

Groupement de protection de la famille et de l'individu (GFPI)
CP 213
CH-1255 Veyrier
Tél. +41 22 784 16 22

Association des Victimes de la Dianétique et de la Scientologie (AVDSN)
CP 224
CH-2900 Porrentruy
Tél. +41 32 466 57 72
AVDSN@hotmail.com

Union Nationale des Associations de Défense des Familles et de l'Individu (UNADFI)
10, rue du Père Julien Dhuit
F-75020 Paris
Tél. +33 1 47 97 96 08
www.unadfi.org

Centre Contre les Manipulations Mentales (CCMM)
138, av. Félix Faure
F-75015 Paris
Tél. +33 1 53 98 73 99
www.ccmm.asso.fr

Association « Attention ENFANTS »
16, rue des Batignolles
F-70017 Paris
Tél. +33 1 45 22 17 98
Attention.enfants@free.fr

ISSUE-Rhône
Bureau des élèves de l'INSA, Bâtiment 608
20, avenue Albert Einstein
F-69621 Villeurbanne Cedex
Tél. +33 6 80 98 63 23
http://issue.free.fr

Site de documentation de Mickaël Tussier repris par Mathieu Cossu, actuellement **la référence** en matière de sectes : www.multimania.com/tussier
Site de Philippe Allard : www.geocities.com/CapitolHill/3455/

Table des matières

606545 - Mai 2015
Achevé d'imprimer par

1livre.com
du rêve à la réalité !